文化中国

中华优秀传统文化

第九册

丛书主编

文新华

本册主编

刘　建

本册副主编

吴银贞　李张勇

本册编委

邵晓玲　谷　良　刘　丽　冯　琴

袁宗勇　冯亚静　高　丽　葛　慧

滕　雪　张　静　吴燕红

华东师范大学出版社

·上海·

图书在版编目(CIP)数据

文化中国：中华优秀传统文化. 第九册/文新华主编. —
上海：华东师范大学出版社，2023
ISBN 978-7-5760-4317-4

Ⅰ. ①文…　Ⅱ. ①文…　Ⅲ. ①中华文化—初中—教学参考资料　Ⅳ. ①G634.303

中国国家版本馆 CIP 数据核字(2023)第 230176 号

文化中国：中华优秀传统文化　第九册

WENHUA ZHONGGUO：ZHONGHUA YOUXIU CHUANTONG WENHUA DI JIU CE

丛书主编　文新华
本册主编　刘　建
策划编辑　曹祖红
责任编辑　游胜男
责任校对　时东明
装帧设计　刘怡霖

出版发行　华东师范大学出版社
社　　址　上海市中山北路 3663 号　邮编 200062
网　　址　www.ecnupress.com.cn
电　　话　021-60821666　行政传真 021-62572105
客服电话　021-62865537　门市(邮购) 电话 021-62869887
地　　址　上海市中山北路 3663 号华东师范大学校内先锋路口
网　　店　http://hdsdcbs.tmall.com

印 刷 者　上海新华印刷有限公司
开　　本　787 毫米×1092 毫米　1/16
印　　张　8.25
字　　数　128 千字
版　　次　2023 年 12 月第 1 版
印　　次　2023 年 12 月第 1 次
书　　号　ISBN 978-7-5760-4317-4
定　　价　48.00 元

出 版 人　王　焰

目　　录

第一章
方寸之间有天地

汉字和汉语历史悠久，源远流长。那一个个方块字连缀成书法风雅，那一个个词语绽放着语言芳华。

方寸之间，大有天地。

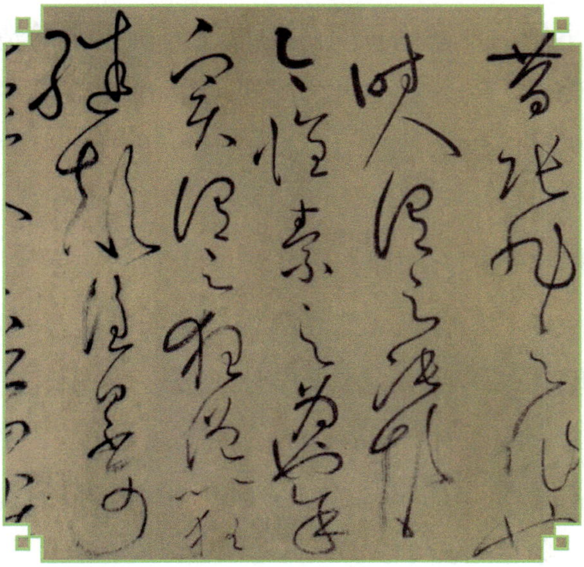

第一节　字词品韵

语言文字是一个国家、民族历史文化的符号。汉语、汉字历史悠久，源远流长，经过数千年的发展演变，始终充满生机与活力，成为维系中华民族的纽带。

汉语、汉字的形式和内涵意趣妙然，让我们一起从字词入手，感受中华语言文字的魅力和韵味吧。

一、汉字的形体构造之趣

目前世界上使用的文字大多数属于表音体系，其特点是“把词中一连串连续的声音摹写出来”；而汉字则是一种集形、音、义于一身的表记符号，兼具表意和表音功能。汉字的形体构造富有趣味，其中体现着中华民族传统的思维方式、思想观念和审美趣味。

关于汉字的构造，古人有“六书”之说，分别为象形、指事、会意、形声、转注、假借。现在一般认为，转注、假借是用字方法，与造字无关。

象形是通过绘画式的线条，把事物的形状特征具体地描绘勾画出来的造字法。比如“日”“月”“牛”“羊”“山”“水”等，就是典型的象形字。虽然汉字中象形字的数量很少，但这些字是汉字造字的基础，由此衍生出庞大的汉字家族。

指事是用象征性符号，或在象形字基础上加注提示符号来示意的造字法。这是一种象征性的造字方法，当所要表达的含义无法用具体形象勾画出来时，就借助象征性的符号来表示。比如“刃”字，是在象形的“刀”的刀刃处添加一点来指示；“本”字古义是树根，是在象形的“木”下部添加一横来指示；“末”字则是在“木”上部添加一横，表示树梢。简单的符号添加实现了相对复杂的含义的表达，体现了古人极具智慧的抽象思维。

会意是将两个或两个以上的字，根据事理加以组合，表示一个新的意义的造字法。会意字都是合体字，而象形字、指事字都是独体字。比如“从”字，是两个“人”的组合，表示跟随着一起；“林”字由两个“木”组成，表示很多树木组成树林；“朝”字的字形意义组合为太阳即将从草木丛中升起，而月亮尚未落下，表示早晨。

形声是一种半音半意的造字法，表示意义类属的部分叫形符，表示读音的部分叫声符。比如“锄”字，“钅”为形符，“助”为声符。此外形声字中还有一种兼会意的形式，即声符除了表示读音外，还参与表意，比如“驷”字表示古代同驾一辆车的四匹马或套着四匹马的车，“四”既是声符，又是字义的构成部分；“涧”字表示山间的水沟，“间”既是声符，又是字义的构成部分。形声是造字效率最高、使用最多的一种造字法，据统计，现行汉字中80%以上都是形声字。

汉字最初的形体以图画性的象形文字为主，在数千年的历史演变过程中逐渐朝着简化易写的方向发展，非象形的书写符号占据主流，笔形从类似绘画式的线条逐步变成横、竖、撇、折、点等笔画。

汉字笔画的组合方式和结构千变万化，由此产生了猜字谜等文字游戏。一起来读读下面这个字谜故事，体会汉字笔画和结构的妙趣吧！

一次，清代文字学家王筠到郊外散步，遇见几个顽童，顽童们拦住他的去路。其中一个顽童提出条件：“我问你几个字，猜得出便让你过去。”说罢，念道：“一点一点分一点，一点一点合一点，一点一点留一点，一点一点少一点。”王筠不假思索地答道：“这是‘汾、洽、溜、沙’四个字，对吗？”顽童点头示意。王筠笑着说：“来而无往，非礼也。我也回敬几句。”随即吟道：“一横一横又一横，一竖一竖又一竖，一撇一撇又一撇，一捺一捺又一捺。”几个顽童抓耳挠腮，想了好一会儿，谁也答不出来。王筠便劝道：“还是回学堂读书去吧，别在路上玩耍了！”

你猜出王筠的字谜了吗？（谜底：森）

横、竖、撇、折、点等多样的笔画，以不同的结构组合成一个个汉字，这些汉字具有独特的形体之美。这种形体之美是笔画线条、笔画组合、字形结构等美感的综合体，多变灵动又严整和谐，柔美平和又挺拔劲健。

汉字的形体之美在中国的书法艺术中被演绎到极致。大篆活泼自然，小篆圆润秀丽，隶书茂密朴厚，草书奔放跌宕，楷书严整细致，行书灵动流畅；颜体端庄雄伟，柳体遒健劲紧，欧体挺拔峻峭，赵体圆转风流……不同的书体和书家，以多样的艺术手法和风格，呈现出汉字不同维度的美。

二、汉语字词的意蕴之美

汉语是一种规则少、变化多，简洁又含蓄的语言，汉语字词具有很强的表现力，这一点在文学作品中表现得尤为突出。

以诗词创作为例，作者往往根据内容表达和意境创设的需要，反复斟酌，精心挑选最贴切、最富有表现力的字词，此举称为“炼字”。贾岛“推敲”就是历史上流传下来的最为有名的关于“炼字”的故事：

［清］任伯年《岛佛驴背敲诗》

有一次，贾岛在驴背上吟得诗作：“闲居少邻并，草径入荒园。鸟宿池边树，僧推月下门。过桥分野色，移石动云根。暂去还来此，幽期不负言。”但是他觉得“僧推月下门”一句中的“推”字用得不够妥帖，或许改用“敲”字更恰当。“推”好还是“敲”好？他心中犹豫不决，嘴里念念有词，手上还做着推门、敲门的动作，浑然不觉已闯入大官韩愈的仪仗队里，被护卫拿下。韩愈问明缘由，不但没有发怒，反倒颇有兴致地帮贾岛斟酌片刻，并建议用“敲”字好。两人因此成为好友，经常一起讨论作诗之法。

贾岛此诗中，月夜里，山居中，鸟儿栖息在池塘边的树上，天地一片寂静，前来探访的僧人在月光下“笃笃笃”敲响了门。“敲”字给寂静的氛围增添了声响，反而更衬托出环境之幽静。

还有王安石的《泊船瓜洲》：“京口瓜洲一水间，钟山只隔数重山。春风又绿江南岸，明月何时照我还？”第三句第四字，他曾用过“到”“过”“入”“满”等，但都不满意，最后定为“绿”字。“绿”字将春风活化，生动地展现了春天到来时江南一片绿意盎然的景象，形成强烈的视觉冲击效果。

除了动词、形容词之外，在文人笔下，名词、数词、量词、拟声词，都能各尽其妙，体现深刻的意蕴。

名词常常被用来构成画面，以直观的方式创设情境，表情达意。“枯藤老树昏鸦，小桥流水人家，古道西风瘦马”（马致远《天净沙·秋思》），仅仅是九个名词的组合，却一词一景，构成明与暗、动与静、背景与主体相互映衬的画面，衬托出漂泊在外的游子孤独凄凉的心境。“鸡声茅店月，人迹板桥霜”（温庭筠《商山早行》），同样是以名词意象叠加组合构图，表现“莫道君行早，更有早行人”的诗意。

数词可谓汉语字词中最简单的一个类别，但在诗词中也能意蕴无穷，别有趣味。唐代有个诗僧叫齐己，他作了一首《早梅》，其中两句是：“前村深雪里，昨夜数枝开。”诗人郑谷替他把“数”字改为“一”字，理由是既然是写“早梅”，“一枝”比“数枝”更能突出“早”。齐己拜服，遂称郑谷为“一字师”。宋代邵雍《山村咏怀》诗：“一去二三里，烟村四五家。亭台六七座，八九十枝花。”数词通篇连用，不仅全无枯燥之感，反而活泼灵动，摇曳生姿，生动描绘出一幅恬静自然的山村风光图。

汉语中的量词丰富多彩，且具有极强的表现力。在文学作品中，量词的巧妙选用常常能起到惊人的艺术效果。明末清初文学家张岱在西湖大雪三日，湖中人鸟声俱绝时，夜晚前往湖心亭看雪，写下了小品文名篇《湖心亭看雪》。文中“湖上影子，惟长堤一痕，湖心亭一点，与余舟一芥，舟中人两三粒而已”之句，使用了“痕”“点”“芥”“粒”四个量词，使人惟觉湖上事物之微乎其微，衬托

［宋］李嵩《西湖图》（局部）

出所处雪景之幽静深远、洁白广阔，传达出“渺沧海之一粟”的深沉感慨和远离世俗、孤芳自赏的情怀。

汉语中的拟声词因其摹写声音的特点，使用在文学作品中，能够增添听觉元素，使作品的表现更丰富立体，从而有助于塑造形象、烘托意境、表情达意。“鹅，鹅，鹅，曲项向天歌。白毛浮绿水，红掌拨清波。”初唐四杰之一的骆宾王七岁时写的《咏鹅》，观察细致入微，笔调清新活泼，以鹅为描写对象，开头连用三个“鹅”字，使人未见其形，先闻其声，突出鹅的声响美，塑造了鹅引吭高歌的形象。唐代诗人贯休《春晚书山家屋壁》：“柴门寂寂黍饭馨，山家烟火春雨晴。庭花蒙蒙水泠泠，小儿啼索树上莺。”以远处小溪泠泠的流淌声，反衬出山村傍晚特有的宁谧。现当代作家孙犁的《荷花淀》中，有一处情节是水生嫂们偷偷去送参军的丈夫。起初她们一边划船一边谈笑。“她们轻轻划着船，船两边的水，哗，哗，哗。”一个逗号一个拟声词的组合，节奏舒缓匀齐，表现出妇女们划船的娴熟与谈笑的悠闲。正在这时，敌人的大船追过来。“这几个青年妇女咬紧牙，制止住心跳，摇橹的手并没有慌，水在两旁大声地哗哗，哗哗，哗哗哗！”拟声词叠加并用，节奏明显加快，水声的急促、形势的急迫、气氛的陡然紧张，跃然纸上。

三、汉语字词的音韵之妙

汉语的字音包含声、韵、调三个部分，这三个要素使得汉字读起来高低起伏、错落有致、富于变化，具有音乐之美。古人将平仄起伏的汉字音节声调按照一定的规律进行排列，创造了声韵和谐、优美悦耳的古典诗词格律，将汉语字词的音韵之妙发挥到极致。在各种汉语言和文学形式，乃至日常生活中，汉语字词的音韵之妙俯拾即是。下面我们通过双声叠韵和谐音双关这两种形式来体会一二。

1. 双声叠韵，音韵和婉。

双声，指两个字的声母相同；叠韵，指两个字的韵腹和韵尾相同。由双声或叠韵字连缀成的词大多用来描绘声色形状，既能增强生动性，又能产生和谐流畅、回环荡漾的音乐美。我国第一部诗歌总集《诗经》中大量作品都运用了双声、叠韵的词语，如《关雎》《月出》等，读来情感真切，生动形象，悦耳动听。

关关雎鸠，在河之洲。窈窕淑女，君子好逑。
参差荇菜，左右流之。窈窕淑女，寤寐求之。
求之不得，寤寐思服。悠哉悠哉，辗转反侧。
参差荇菜，左右采之。窈窕淑女，琴瑟友之。
参差荇菜，左右芼之。窈窕淑女，钟鼓乐之。

——《诗经·周南·关雎》

月出皎兮，佼人僚兮。舒窈纠兮，劳心悄兮。
月出皓兮，佼人懰兮。舒懮受兮，劳心慅兮。
月出照兮，佼人燎兮。舒夭绍兮，劳心惨兮。

——《诗经·陈风·月出》

2. 谐音双关，含蓄有趣。

（1）诗词中谐音双关，含蓄蕴藉。

“相见时难别亦难，东风无力百花残。春蚕到死丝方尽，蜡炬成灰泪始干。”（李商隐《无题》）“丝”与“思”谐音，隐喻对对方的思念像春蚕吐丝般到死方休，朦胧婉曲，蕴含深情无限。“杨柳青青江水平，闻郎江上唱歌声。东边日出西边雨，道是无晴却有晴。”（刘禹锡《竹枝词》）这里“晴”与“情”谐音，表面是说“无晴”“有晴”，实际上是说“无情”“有情”，将微妙不明的情感与阴晴不定的天气相关联，含蓄而巧妙地展现了主人公细腻、忐忑的心理活动。

（2）歇后语中谐音双关，妙趣横生。

歇后语中有一类是利用异形同音字的谐音双关来揭示意义。例如：小葱拌豆腐——一清（青）二白；狗头上插角——装洋（羊）；瞎子盖被——反正都是理（里）儿；土蚕钻进花生壳——假装好人（仁）；一条腿的裤子——成了群（裙）；二两棉花——谈（弹）不上……

（3）生活中谐音双关，寄意深远。

日常生活中的谐音双关现象也很常见，其中很大一部分源自传统文化和习俗，人们在其中寄托着深远的寓意。比如，一些地区的民间婚嫁习俗中，新人床上要放红枣、花生、桂圆、瓜子，寓意“早生贵子”；再比如，天津泥人张有一款泥人很受欢迎，其造型为财神爷骑马，寓意“马上发财”；还有，古人常以糕粽赠赴考书生，谐音“高中”，表达祝其金榜题名之意。

拓展迁移

◎ 自主选择一些汉字，说说其所展现的汉字形体构造之趣。

◎ 品一品下面两首诗中加点字的意蕴之美。

过香积寺

［唐］王　维

不知香积寺，数里入云峰。
古木无人径，深山何处钟。
泉声咽危石，日色冷青松。
薄暮空潭曲，安禅制毒龙。

绝句（其二）

［唐］杜　甫

江碧鸟逾白，山青花欲燃。
今春看又过，何日是归年。

◎ 再搜集一些体现汉语字词音韵之妙的文学作品或歇后语等，并与同学们分享。

第二节　草书赏珍

草书是常与篆、隶、楷、行并列的一种重要的传统书体，它具有独特的艺术魅力和极高的欣赏价值。人们誉草书艺术之美为无言之诗，无动之舞，无色之画，无声之乐。

一、草书的起源与发展

1. 早期草书。

草书是为书写便捷而产生的一种书体，“草”即草创、草稿之意，说明是为赴急而产生。一般认为草书起源于秦汉之际，当时文书交往日益频繁，人们在书写中不约而同地要求提高书写速度，原有的篆、隶等书体已不能适应这种需求，因而产生了书写更为简便迅捷的草篆、草隶，即篆书、隶书的潦草写法，这就是早期草书。

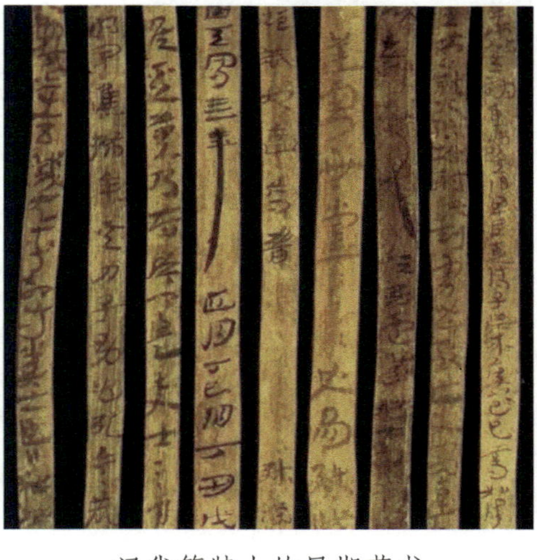

汉代简牍上的早期草书

2. 章草。

早期草隶不断发展，又经书家的整理完善，就形成了章草。章草是草书最早的一种成熟形态，广泛流行于两汉。

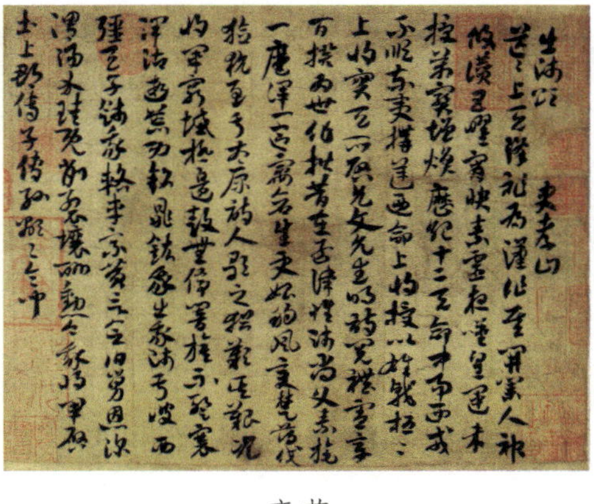

章草

关于“章草”名称的由来，众说纷纭，主要有以下几种说法：一、汉代史游用这一书体书写其所作的《急就章》，成为范本，因而取“章”命名；二、该书体适用于写奏章，故“章草”之“章”等同于“奏章”

之“章”；三、汉章帝喜好这一书体，故名“章草”；四、章草与今草相比，规矩、章法更为谨严，“章草”即有章法的草书。

章草的主要特点是字形扁方，取横势，结体简约，虽有笔画的牵引勾连，但字字独立，字字区别，且保留着隶书的形迹。

著名的章草帖有(传)张芝《秋凉平善帖》、皇象《急就章》和索靖《出师颂》等。

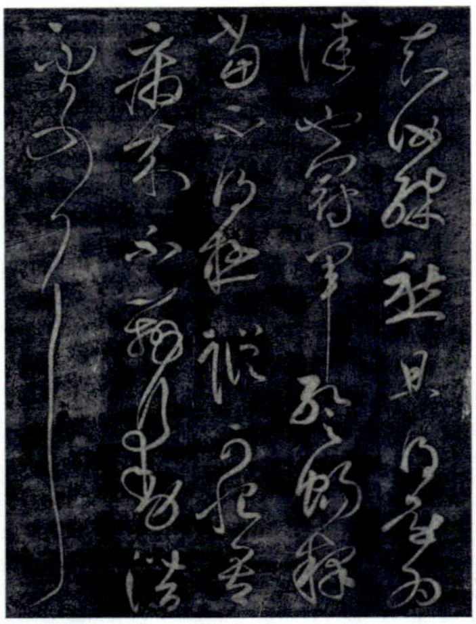

今草

3. 今草(小草)。

今草又称小草，即一般所称的草书，形成于汉末，是由章草进一步草化而成的，相传为张芝所开创。它脱去了章草中保留的隶书形迹，并在章草和楷书的基础上加快行笔，增加圆环勾连，结体也由扁方趋于长方，横势改为纵势，点画与上下字之间的笔势往往牵连相通，偏旁省减或相互假借。

“流而畅”与“简而动”是今草的主要特点。唐代张怀瓘《书断》中说：“章草之书，字字区别。张芝变为今草，加其流速，拔茅连茹，上下牵连。或借上字之下，而为下字之上。奇形离合，数意兼包。若悬猿饮涧之象，钩锁连环之状。神化自若，变态不穷。”这正是章草与今草不同体势和运笔的概括。

著名的今草帖有王羲之《十七帖》、孙过庭《书谱》等。

4. 狂草(大草)。

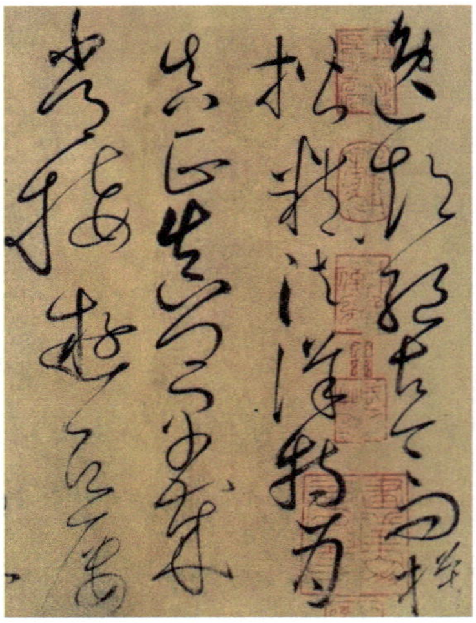

狂草

狂草又称大草，风格比今草更加潦草狂放，是今草发展到极端的产物，相传为唐代张旭所创。

狂草的特点：其一，打破了今草的规范，夸张了今草的结构体势，用笔流畅跌宕，笔势驰聚，字与字多连绵，即使不是笔笔连续，也能笔断意连、一气呵成，奔放豪爽，纵情发挥；其二，结体顾盼相揖，欹侧多姿，大开大合，穷其变化，运动感与节奏感都极强，有震撼人心的力量，故最宜宣泄情感，极具艺术感染力。

著名的狂草帖有怀素《苦笋帖》、张旭《古诗四帖》和黄庭坚《诸上座帖》等。

二、草书艺术之美

草书艺术之美，可从以下五个方面去把握：

一是线条美。草书的线条千变万化，有形状上的区别、方向上的不同，更有质感、力度等多方面的差异。线条之美，首先在于力量感。“笔力”是草书艺术的生命。如果笔力薄弱，书法美就无法得到充分表现和发挥。其次是立体感。如果线条缺乏立体感，书法作品就会显得单薄乏味，不耐看。第三是节奏感。节奏感源自对比，包括空白与墨迹之对比，空白大小之对比，空白形状之对比，墨迹点线之对比，乃至墨迹粗细、干湿、方圆之对比。

二是结构美。草书的结构，既要合乎平衡对称的准则，各部分对比照应，又要有长短、大小、阔狭、疏密、横直等种种富有新意的变化，从而形成一个多样、统一、和谐的整体。

三是章法美。章法就是一幅书法作品的整体布局与安排，包括字与字以及行与行之间的疏密、大小、呼应、照顾等关系。章法呈现出的是作品的整体风貌与气质。一幅章法讲究的草书作品，能产生顾盼有情、精神飞动、全章贯气的艺术效果。

四是墨韵美。草书艺术尤其注重以水墨线条表现美感。一幅作品有无神采，要看运墨是否灵活。整行以及全篇墨色之浓淡、枯润等不宜一成不变，而应随用笔的变化而变化，展现出丰富的层次和韵律之美，从而使得作品气韵流动，生机盎然。

五是意境美。书法的意境指的是作品所表现出的美感境界，它是书家主观情意与客观物境交融形成，并对欣赏者产生感染力的艺术氛围。草书作品以其多样的风格创设出不同的意境：或如飞沙走石，或如疏林远阜，或如江河奔腾，或如春水荡漾……其由作者的情感意志交织而成，又将观者引入广阔而斑斓的审美天地。

术语辞典

笔法：写字运笔的方法。草书的笔法极其丰富，包括中锋、侧锋、方笔、圆笔、藏笔、露笔、按笔、提笔、挫笔、绞转、翻转等。

结体（结字）：字体形状的安排称为间架，字中笔画的组织称为结构，二者统称为结体（结字）。草书结体千变万化，但亦有基本规律：重心平稳、点画呼应、大小不同、避同求异、主次对比、繁简对比、虚实对比、疏密对比、连断对比、长短对比、高低对比等。

布白：指安排字的点画间架和布置字、行之间空白关系的方法。

章法：一幅书法作品的整体布局与安排，又称为大布白、分间布白、篇章结构。草书最常用的是纵有行、横无列的章法，也可以采用纵无行、横无列的“乱石铺街”的章法。

墨法：用墨方法和技巧，是书写中对墨汁的浓度、流动性以及水墨渗化状态的控制。墨的浓、淡、燥、湿运用合宜，会让书法更具有形式美和韵味。

三、古代草书名家

1. 张芝。

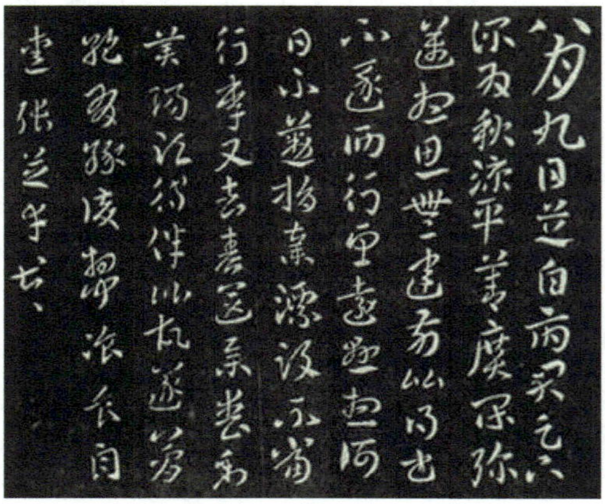

《秋凉平善帖》

张芝（？—约 192），字伯英，敦煌渊泉（今甘肃瓜州东）人，东汉书法家。

张芝擅长章草，后将当时字字区别、笔画分离的草法，改为上下牵连、富于变化的新写法，促进了今草的创立。张芝的书法在当时影响很大，时人珍爱其墨甚至到了“寸纸不遗”的地步。三国魏韦诞称其为“草圣”。东晋王羲之对汉、魏书迹，唯推钟（繇）、张（芝）两家，认为其余不足观。王羲之、王献之草书受张芝影响颇深。《淳化阁帖》载有张芝书数帖，但大多不确，唯章草《秋凉平善帖》近真。

2. 王羲之。

王羲之（303—361），字逸少，琅邪临沂（今属山东）人，东晋书法家。官至右军将军、会稽内史，世称王右军、王会稽。

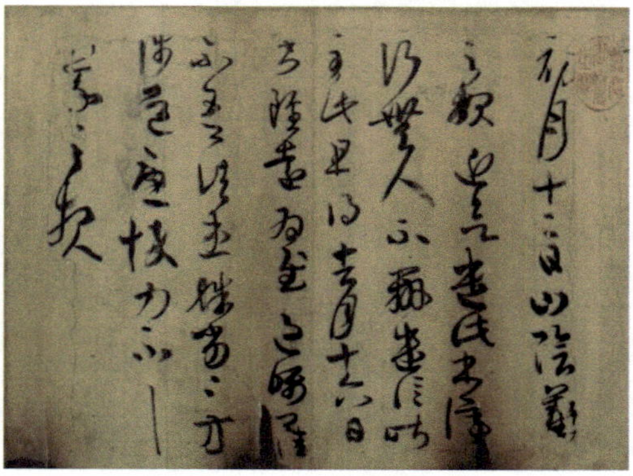

《初月帖》（局部）

王羲之博采众长，精研体势，开创晋人妍丽流便的书风；诸体皆工，尤擅楷行，被后人誉为“书圣”。其长于今草，传世草书作品多为今草。这些作品笔势疾行纵引，以势赋形，笔画字态的夸张变形皆在法度之内，既遒美多姿，又易于辨识和摹学。代表作有《十七帖》《初月帖》等。

3. 王献之。

王献之（344—386），字子敬，祖籍琅邪临沂（今属山东），生于会稽山阴（今浙江绍兴），东晋书法家。王羲之第七子，与其父并称“二王”。

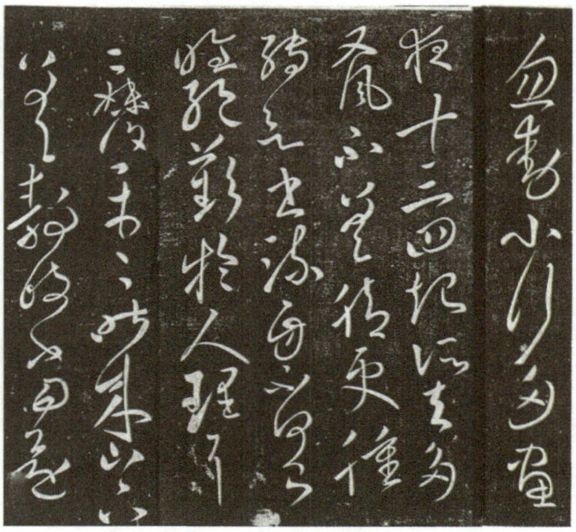

《忽动帖》（局部）

王献之自小跟随父亲练习书法，得其笔法，后又学张芝，在此基础上大胆变革，别为一体。他赋予今草更大的开阖纵横和自由表现的空间，以外拓开张的笔势、明快有力的节奏以及一泻千里的气势，为草书艺术增添了“新”“奇”“变”的要素。与其父的优雅醇厚相比，王献之的草书更多地具有潇洒风流的神韵。代表作有《庆等帖》《忽动帖》等。

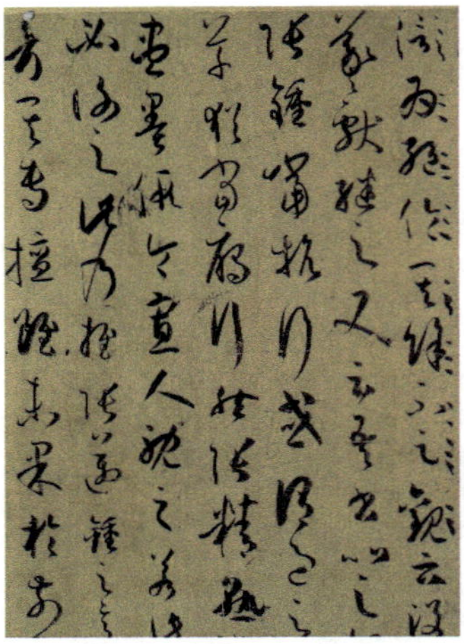

《书谱》(局部)

4. **孙过庭**。

孙过庭(生卒年不详)，字虔礼(一作名虔礼，字过庭)，自署吴郡(治今江苏苏州)人，一说富阳(今浙江杭州市富阳区)人，一说陈留(治今河南开封)人，唐代书法家、书学理论家。

孙过庭的草书师法“二王”，妙于用笔，隽拔刚折，尚异好奇。又善于临摹古帖，唐高宗曾谓“过庭小字足以迷乱羲、献”，其逼真可知。存世书迹有书法理论著作《书谱》，该作书文并茂，历代学书者多取其为学习草书的楷范。

5. **张旭**。

张旭(生卒年不详)，字伯高，苏州吴(今江苏苏州)人，唐代书法家。其为人洒脱不羁，极有个性。相传他常在喝得大醉后呼叫狂走，然后落笔成书，甚至以头发蘸墨书写，故有“张颠”之称。与怀素齐名，并称“张颠素狂”“颠张醉素”。又工诗，与贺知章、张若虚、包融并称“吴中四士”。

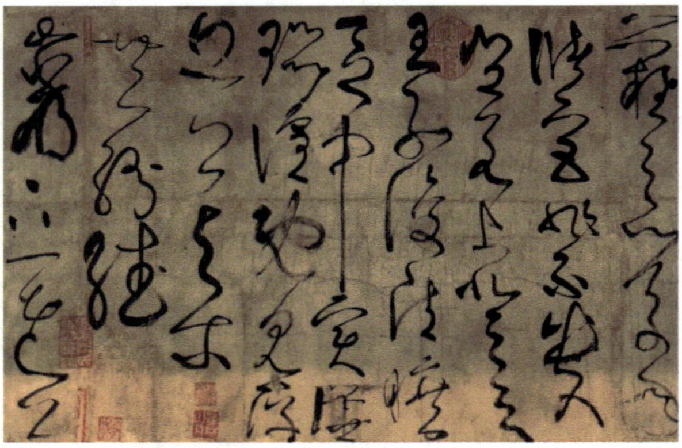

《古诗四帖》(局部)

张旭的书法，以草书成就为最高。他继承“二王”传统，字字有法，另一方面又效法张芝草书之艺，创造出连绵回绕、变幻莫测、奇伟狂放的狂草书风。代表作有《肚痛帖》《古诗四帖》等。

6. 怀素。

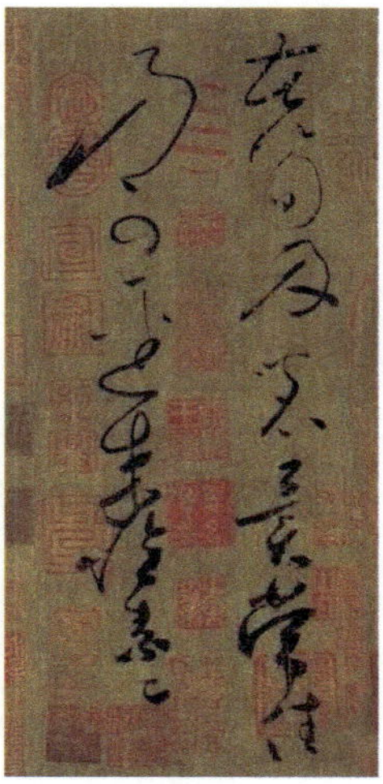

《苦笋帖》

怀素(725—785,一作 737—799),俗姓钱,字藏真,长沙(今属湖南)人,一说零陵(今湖南永州)人,唐代书法家、僧人。书史上称其为零陵僧、释长沙。

怀素以狂草闻名,用笔圆劲有力,使转如环,奔放流畅,一气呵成。与张旭齐名,后世有“张颠素狂”“颠张醉素”之称。好饮酒,每当饮酒兴起,不分墙壁、衣物、器皿,任意挥写,时人谓之“醉僧”。唐代吕总《续书评》评其草书“援毫掣电,随手万变”。代表作有《苦笋帖》《自叙帖》等。

7. 黄庭坚。

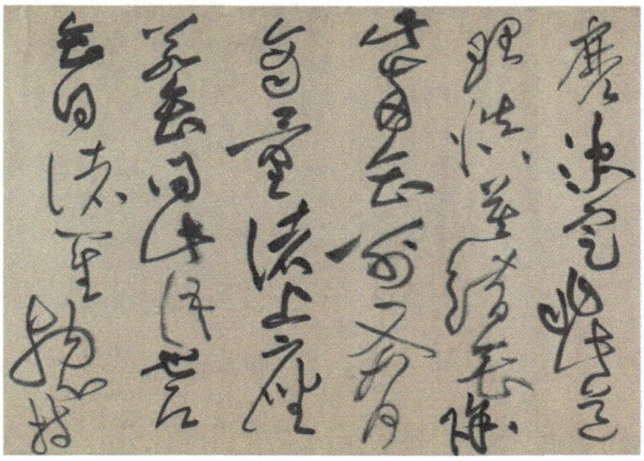

《诸上座帖》(局部)

黄庭坚(1045—1105),字鲁直,自号山谷道人,晚号涪翁,又称黄豫章,洪州分宁(今江西修水)人,北宋诗人、书法家,江西诗派开山之祖。

黄庭坚的草书单字结构奇险,章法富有创造性,经常运用移位的方法打破单字之间的界限,使线条形成新的组合,节奏变化强烈,因而具有特殊的魅力。代表作有《李白忆旧游诗卷》《诸上座帖》等。

8. 董其昌。

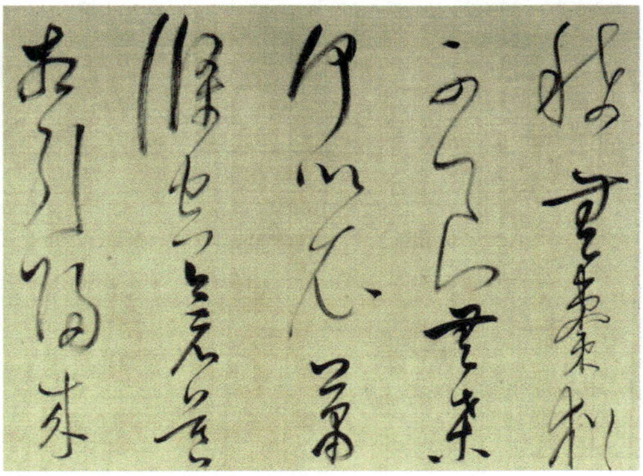

《草书放歌行等诗卷》(局部)

董其昌(1555—1636),字玄宰,号思白、香光居士,华亭(今上海市松江区)人,明代书画家、画论家。

董其昌广泛学习吸收晋、唐、宋、元各家书风之长,自成一体。其草书飘逸空灵,风华自足;笔画圆劲秀逸,平淡古朴;用笔精到,少有偃笔、拙滞之笔；分行布局，疏朗匀称，力追古法；用墨讲究，枯润浓淡，尽得其妙。代表作有《试笔帖》《草书放歌行等诗卷》等。

9. 王铎。

王铎（1592—1652），字觉斯，号嵩樵，河南孟津人，明末清初书法家。书法独具特色，世称“神笔王铎”。与董其昌齐名，明末有“南董北王”之称。

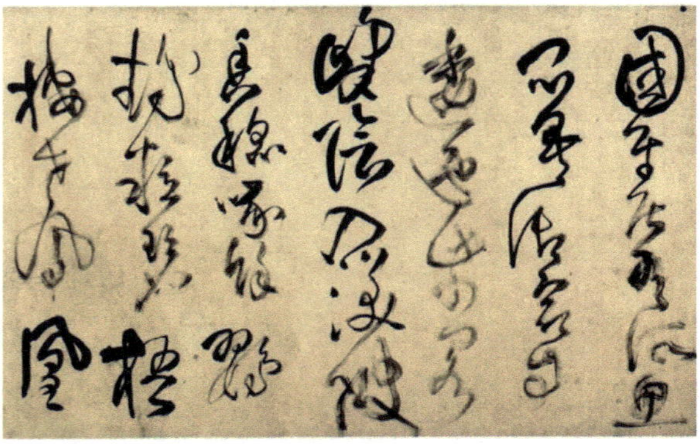

《秋兴八首册》（局部）

王铎的书法用笔出规入矩，张弛有度，却流转自如，力道千钧。其草书笔力雄健，长于布白，纵横取势，险劲沉着，劲健洒脱，淋漓痛快。代表作有《秋兴八首册》《草书五言律诗四首》等。

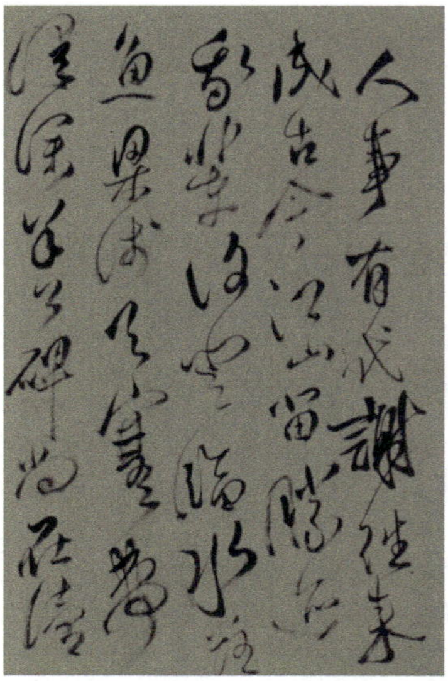

《草书孟浩然诗》（局部）

10. 傅山。

傅山（1607—1684），字青主，号朱衣道人，山西阳曲人，明末清初思想家、书画家、医学家。在诗、文、书、画诸方面皆善学妙用，造诣颇深。书法成就尤高，被时人尊为“清初第一写家”。

傅山的草书笔势矫健狂肆，线条连绵缠绕，结字支离拙朴而富有张力，整体看上去大开大合，动势飞腾，率真刚直，无尘俗之气。代表作有《草书孟浩然诗》《草书十二条屏》等。

拓展迁移

◎ 辨一辨下面的草书作品分别属于章草、今草、狂草中的哪一种。

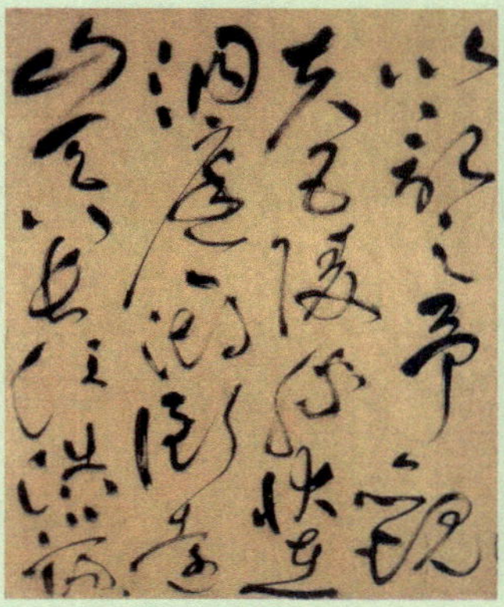
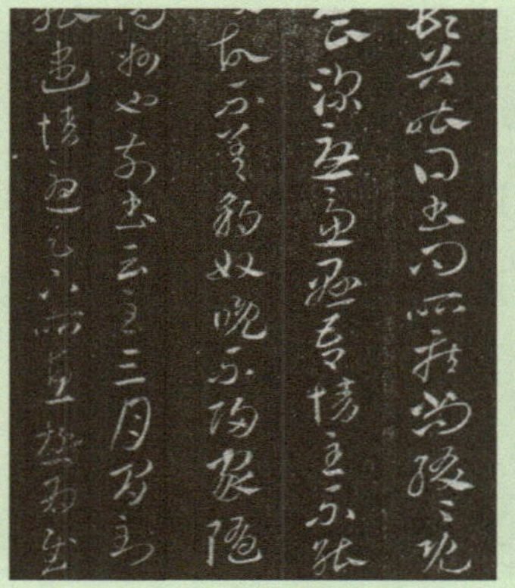
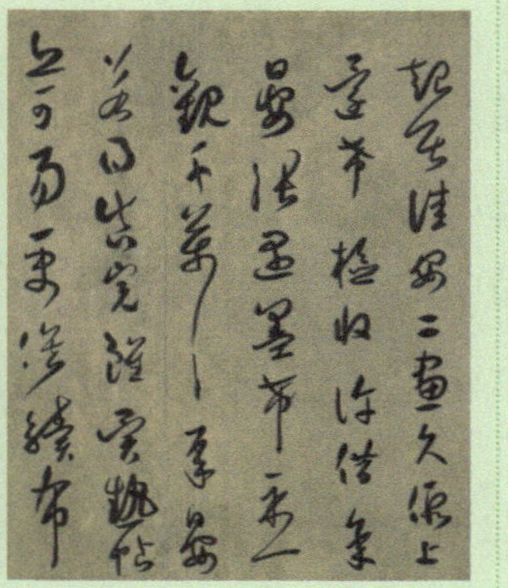

◎ 阅读唐代诗人韩偓的《草书屏风》，说说诗中写出了怀素草书的哪些特点。

草书屏风

［唐］韩　偓

何处一屏风，分明怀素踪。
虽多尘色染，犹见墨痕浓。
怪石奔秋涧，寒藤挂古松。
若教临水畔，字字恐成龙。

【译文】

这是哪里来的一架屏风？上面分明有怀素书法的踪迹。虽然字幅上沾染了尘色，有些斑驳，但还能够见到浓重的墨痕。字的点画就像怪石奔向秋天的山涧，竖和钩就像寒枯的古藤倒挂在古松上。如果把这架屏风放到水边，每个字恐怕都要化成蛟龙，游到水里去了。

第三节　歇后语觅趣

歇后语是人民群众口头上流行的一种诙谐而形象的熟语。它们有的来自于人们对生活和客观事物的观察总结，有的来自于传说、故事和经典的文学作品。《三国演义》《水浒传》《西游记》《红楼梦》作为中国古典小说四大名著，衍生出不少常用的歇后语。这些歇后语或是原著中所使用的，或是人们根据作品中的人物或故事情节创造出来的，无不生动形象，丰富了汉语的语言素材。一起来看看与四大名著有关的歇后语吧。

一、与《三国演义》有关的歇后语

[清]佚名《增像全图三国演义》插图

《三国演义》是中国第一部长篇章回体历史演义小说，全称《三国志通俗演义》（又称《三国志演义》），作者是元末明初文学家罗贯中。作品描写了从东汉末年到西晋初年近百年的历史风云，以描写战争为主，讲述了东汉末年和整个三国时代的政治和军事斗争，塑造了一群叱咤风云的英雄人物。

《三国演义》中许多故事脍炙人口，衍生出不少常用的熟语。

1. 歇后语举例及解析。

（1）刘备摔孩子——收买人心。

【解析】

这条歇后语出自第四十二回“张翼德大闹长坂桥　刘豫州败走汉津口”。刘备在长坂坡遭到曹操夜袭，突围之时与家眷失散。赵云拼死厮杀救出了刘备的儿子阿斗，冲破了曹军的包围追上刘备。刘备接过阿斗后，把阿斗摔在地上说：“为了你这个孩子，几乎损失了我的一员大将！”赵云赶忙抱起阿斗，哭着对刘备叩拜说：“赵云就是肝脑涂地，也报答不了主公啊！”后人认为刘备这一举动意在收买人心，因而总结出这条歇后语。

（2）周瑜打黄盖——一个愿打一个愿挨。

【解析】

这条歇后语出自第四十六回“用奇谋孔明借箭　献密计黄盖受刑”。东吴大将黄盖受命诈降到曹操的军营。为了取信于曹操，周瑜故意借故痛打黄盖一顿，让黄盖假装气愤而投敌。

周瑜打黄盖是使苦肉计，打的愿打，挨的愿挨。比喻两方都愿意做的事。

（3）曹操败走华容道——不出所料。

【解析】

这条歇后语出自第五十回“诸葛亮智算华容　关云长义释曹操”。赤壁战前，诸葛亮算定曹操必败走华容，且夜观天象，测知曹操不当身亡，考虑到曹操对关羽有恩，于是派关羽把守华容道，留个人情与关羽做。后曹操果然由乌林向华容道败退，最后哀求关羽放行才得以逃脱。

（4）关云长刮骨疗毒——若无其事。

【解析】

这条歇后语出自第七十五回“关云长刮骨疗毒　吕子明白衣渡江”。关羽在战斗中右臂被敌人射中一箭。箭头有毒，毒已入骨，右臂青肿，不能动弹。名医华佗听说关羽箭伤不愈，表示能为他割开皮肉，刮骨去毒。手术进行中，华佗刮骨的声音悉悉刺耳，周围的人心惊胆战，掩面失色，而关羽却依然饮酒食肉，谈笑弈棋，若无其事。

（5）诸葛亮征孟获——收收放放。

【解析】

这条歇后语出自第八十七至九十回诸葛亮七擒孟获的故事情节。诸葛亮为了巩固后方，率领军队南征。正当大功告成准备撤兵的时候，南方夷人首领孟获纠集了被打败的散兵来袭。诸葛亮得知孟获不但作战英勇，意志坚强，而且待人忠厚，在夷人中极得人心，汉族中也有不少人钦佩他，因此决定把他争取过来。诸葛亮七次擒住孟获，又七次将他放掉，终于使他从心底里敬服，归顺了蜀汉。

（6）诸葛亮挥泪斩马谡——顾全大局。

【解析】

这条歇后语出自第九十六回“孔明挥泪斩马谡　周鲂断发赚曹休”。诸葛亮违背众人意愿，派其颇为器重的将领马谡出守街亭。马谡骄傲自大，擅自改变诸葛亮的作战部署，且不听劝谏，导致街亭失守。为了严明军纪，诸葛亮挥泪斩马谡，并上表刘禅，自贬三级。

2. 其他相关歇后语。

草船借箭——有误（雾）

孔明吊孝——假慈悲

孔明的锦囊——用不完的计

关帝庙求子——踏错了门

关公面前耍大刀——献丑

刘备借荆州——有借无还

张飞扔鸡毛——有劲难使

张飞卖刺猬——人强货扎手

张飞穿针——大眼对小眼

二、与《水浒传》有关的歇后语

《水浒传》是中国古代英雄小说的经典之作，内容讲述北宋山东梁山泊以宋江为首的绿林好汉，由被迫落草，发展壮大，直至受到朝廷招安起义失败的历程，揭露了封建统治阶级的残暴和腐朽，揭露了当时的社会矛盾。

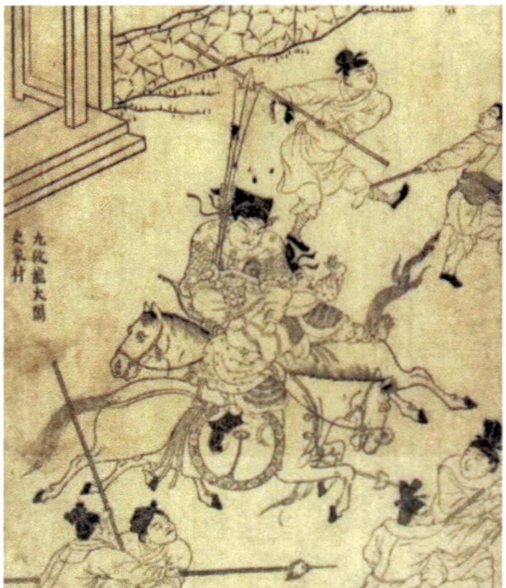

［明］佚名《水浒传》（容与堂刻本）插图

《水浒传》语言纯用白话，通俗浅近。作品中塑造了李逵、武松、林冲、鲁智深等众多个性鲜明的英雄人物，人们根据这些人物的故事和性格特征创造出许多生动有趣的熟语。

1. 歇后语举例及解析。

（1）鲁智深醉打山门——个个都怕。

【解析】

这条歇后语出自第四回“赵员外重修文殊院　鲁智深大闹五台山”。鲁智深潜逃到了代州雁门县，赵员外送他去五台山做僧避祸。鲁智深晚不坐禅，喝酒贪杯，喝醉之后还要打人闹事，打塌了半山亭，打坏了山门金刚，搅得院内其他僧人要卷包袱走人。智真长老只好将鲁智深介绍到师弟智清禅师所在的东京大相国寺。

（2）贼去了关门——迟了。

【解析】

这条歇后语出自第五回“小霸王醉入销金帐　花和尚大闹桃花村”。鲁智深在桃花庄结识李忠和周通，在山寨中住了几日，见那二人“不是个慷慨之人，作事悭吝”，便打算离去。李忠和周通便下山劫掠商旅，表示要将劫到的财货送给鲁智深作路费。鲁智深却趁二人不在，卷走寨中的金银酒器，不辞而别。李忠见状欲去追讨，周通说：“罢，罢！贼去了关门，那里去赶！”

贼已经偷盗离开了才关门，已经迟了。比喻事情发生以后才采取预防措施，为时已晚。

（3）林冲误入白虎堂——有口难辩/上当受骗/祸从天降。

【解析】

这条歇后语出自第七回“花和尚倒拔垂杨柳　豹子头误入白虎堂”。高俅的义子高衙内垂涎林冲的妻子，高俅遂设计陷害林冲，事先暗中命人将自己的宝刀卖与林冲，过了几日后，再让下人以看刀为名将林冲带入太尉府白虎堂。白虎堂为军机重地，林冲这等下级军官是没有资格进入的，更不许携带刀剑。等林冲惊觉时已晚，高俅突然出现，指控林冲携刀私入白虎堂，欲行刺自己，林冲百口莫辩。高俅本想置其于死地，但在开封府尹的周旋下，林冲被判携刀私入白虎堂，刺配沧州。

（4）杨志卖刀——英雄末路。

【解析】

这条歇后语出自第十二回“梁山泊林冲落草　汴京城杨志卖刀”。杨志绰号青面兽，杨家将后人，武举出身，曾任殿帅府制使，因失陷花石纲丢官。他在东京谋求复职，但是苦求无果，穷困潦倒，只能卖掉祖传宝刀。

（5）十五个吊桶打水——七上八下。

【解析】

这条歇后语出自第二十六回“郓哥大闹授官厅　武松斗杀西门庆”。武松得知潘金莲和西门庆害死了兄长武大郎，去官府告状被驳，于是设酒请胡正卿、张公等邻居作见证，为兄长报仇。席中胡正卿欲先离开，武松将其拦下。原文：“那胡正卿心头十五个吊桶打水，七上八下，暗暗地寻思道：‘既是好意请我们吃酒，如何却这般相待，不许人动身？’”

吊桶用于在深井中打水，因为井内的空间有限，所以多个桶一块下去，位置就会有偏差，有的在上面，有的在下面。比喻心神不定，忐忑不安。

（6）石秀进祝家庄——走了不少盘陀路。

【解析】

这条歇后语出自第四十七回“扑天雕双修生死书　宋公明一打祝家庄”。宋江带领人马奔赴祝家庄，为李应报仇，救出时迁。由于祝家庄道路复杂，石秀和杨林先去探路。石秀在酒店遇到钟离老人，问了盘陀路，方知遇见白杨树便转弯才是活路，否则都是死路。杨林因不知白杨树转弯的暗号被捉。

盘陀路：螺旋形道路。比喻道路难行，曲折回旋，费了很大的劲。

2. 其他相关歇后语。

李逵的板斧——逢人就砍

时迁偷鸡——不打自招

林教头发配沧州——一路风险

马蹄刀木勺里切菜——水泄不漏

梁山的军师——无（吴）用

孙二娘开店——谋财害命

梁山兄弟——不打不亲

三、与《西游记》有关的歇后语

《西游记》是中国古代神魔小说的经典之作。它是在民间流传的唐僧取经的故事和相关话本、杂剧的基础上，经过再创作而成。历史上，唐僧去西方天竺国取经是真实的事件。这一壮举在当时的交通条件下是难以想象、不可思议的，人们对其做了许多演义式的想象和发挥：由于唐僧去天竺的目的是拜佛取经，而佛与魔是对立的两个范畴，于是人们就想象一路上有许多妖魔出来干扰、破坏此行；由于唐僧是个文弱的和尚，他自己无力与群魔斗法，无力扫除百般艰险一路前行，于是便要安排徒弟跟随他，帮他扫除魔障，与各种凶狠强横、阴险刁钻的妖魔鬼怪作惊险万状的斗争。

［清］佚名《西游记彩绘图册》（局部）

《西游记》的语言流利明快、生动诙谐，充分吸收了口语化元素，运用了不少生动的谚语、歇后语等熟语。作品塑造的师徒四人的形象深入人心，人们根据其形象特点又创造出不少有趣的熟语。

1. 歇后语举例及解析。

（1）孙悟空大闹天宫——慌了神。

【解析】

在第七回“八卦炉中逃大圣　五行山下定心猿”中，孙悟空大闹天宫，众神与之苦战不下，全都慌作一团，最终玉帝只能请如来救驾。

这条歇后语采用了双关的手法，表面意思是神仙慌张了，其实是形容心神慌乱。

（2）猪八戒吃人参果——全不知滋味。

【解析】

这条歇后语出自第二十四回“万寿山大仙留故友　五庄观行者窃人参”。唐僧师徒来到五庄观，观主太乙真人不在，观里的道童用人参果招待他们。唐僧将人参果当作婴童而推阻不吃。后来孙悟空偷采三个人参果，与猪八戒、沙僧分食。孙悟空、沙僧二人细嚼慢咽，而猪八戒则拿起果子，张开口，囫囵吞下肚，根本没来得及品尝人参果的滋味。

比喻吃东西狼吞虎咽，来不及细尝；也比喻看书或做事心急贪多，实则无所收获。

（3）蛇头上的苍蝇——自来的衣食。

【解析】

这条歇后语出自第二十八回“花果山群妖聚义　黑松林三藏逢魔”。孙悟空被唐僧赶走，回到了花果山。唐僧、猪八戒、沙僧继续赶路，途中唐僧派八戒去化缘，八戒跑去呼呼大睡，沙僧又去寻八戒。唐僧孤身一人四处走动，误入妖穴。妖怪大喜，说：“这叫做个‘蛇头上苍蝇，自来的衣食’。”

苍蝇停在蛇头上，成了送上门的食物，很快就会被蛇吃掉。比喻自投罗网。

（4）皮笊篱——一捞个罄尽。

【解析】

这条歇后语出自第三十九回“一粒金丹天上得　三年故主世间生”。唐僧师徒路过乌鸡国，得知乌鸡国国王被一个妖精假扮的道士所害，淹在水井里已经三年，而现在的国王是妖精所化。孙悟空为救活国王，向太上老君讨“九转还魂丹”，开口便要“一千丸”“百十丸”“十来丸”，太上老君先是称没有‘九转还魂丹’，赶孙悟空走，转念一想孙悟空“手脚不稳”，于是答应给他一丸。孙悟空说：“老官儿，既然晓得老孙的手段，快把金丹拿出来，与我四六分分，还是你的造化哩，不然，就送你个‘皮笊篱，——一捞个罄尽’。”

笊篱是一种传统烹饪器具，用竹篾、柳条、铁丝等编成，有网眼，类似漏勺，烹饪时用来捞取食物，使之与汤、油分离。若是换成用皮做的笊篱，那就连一滴汤水也不漏了。比喻收罗得很彻底，一点也不剩。

（5）尖担担柴——两头脱。

【解析】

这条歇后语出自第五十七回“真行者落伽山诉苦　假猴王水帘洞誊文”。唐僧因孙悟空打死强盗，将他赶走。孙悟空无处可去，只能去找观音菩萨诉苦。六耳猕猴精趁机变作悟空模样，打昏唐僧，抢走行李关文。沙僧欲去花果山讨回行李，嘱咐猪八戒好生照顾师父。八戒点头道：“我理会得。但你去，讨得讨不得，趁早回来，不要弄做‘尖担担柴两头脱’也。”

两头尖的担子，挂着的东西容易脱落。比喻事情两头落空。

（6）吃了磨刀水的——秀气在内。

【解析】

这条歇后语出自第六十七回“拯救驼罗禅性稳　脱离污秽道心清”。唐僧师徒来到七绝山，投宿一老者家中，听闻此山常有妖怪来吞食村民和禽畜。孙悟空自告奋勇前去捉拿妖怪，众老者看他瘦瘦小小，深表怀疑。孙悟空笑着说：“老官儿，你估不出人来。我小自小，结实，都是‘吃了磨刀水的，秀气在内’哩！”

磨刀水里有刀锈，喝了磨刀水，肚里便有“锈气”。“锈”与“秀”谐音。比喻外表看似平庸，但内在有本事。

2. 其他相关歇后语。

唐僧的心胸——慈悲为怀

唐僧的眼睛——不认识好坏人

唐僧念书——一本正经

唐僧取经——千辛万苦

孙悟空坐金銮殿——不像仁（人）君

孙悟空钻进铁扇公主肚里——折腾个没完

孙悟空上天——忘了自己从哪块石头里蹦出来的

孙悟空的金箍棒——能大能小

猪八戒不成仙——吃了嘴的亏

猪八戒照镜子——里外不是人

猪八戒败阵——倒打一耙

猪八戒拱帘子——嘴先进

沙僧读书——竟是识字的

沙和尚挑行李——义不容辞

沙和尚打伞——无法(发)无天

沙和尚取经——没嘛大事

四、与《红楼梦》有关的歇后语

[清]孙温《绘全本红楼梦图》(局部)

红楼梦是一部内容丰富、思想深刻的文学作品，是中国古典小说的巅峰之作。全书以贾、史、王、薛四大家族的兴衰为背景，以贾宝玉与林黛玉、薛宝钗的爱情故事以及其他红楼女子的生活经历为中心线索，描写了日益丰富的人性与社会制度和礼教等的冲突，揭示了封建社会后期的种种矛盾和危机，以及封建制度必然走向覆灭的命运。

《红楼梦》的语言具有典雅与通俗相结合的特点。一方面，书中大量运用诗词歌赋及典故等，使得作品充满古典韵味与文雅气质；另一方面，在进行生活化的描写，尤其是人物语言描写时，大量精彩的俗语、谚语、歇后语的运用，又使得人物性格特征鲜明，作品生活气息浓厚。

1. 歇后语举例及解析。

(1) 丈八的灯台——照见人家，照不见自家。

【解析】

这条歇后语出自第十九回“情切切良宵花解语　意绵绵静日玉生香”。宝玉出了门，他房中的丫鬟们都越性恣意地玩闹，奶母李嬷嬷来请安，见此情景十分看不过。因叹道：“那宝玉是个丈八的灯台——照见人家，照不见自家的。只知嫌人家脏，这是他的屋子，由着你们糟蹋，越不成体统了。”

一丈八尺高的灯台，顶上装灯，能照到远处，却照不到灯台自身。比喻只看到别人的缺点，看不到自己的缺点。

（2）黄鹰抓住了鹞子的脚——扣了环了。

【解析】

这条歇后语出自第三十回“宝钗借扇机带双敲　龄官划蔷痴及局外”。先前宝玉、黛玉发生口角，黛玉气恼烦闷。宝玉前来赔不是，二人谈心落泪，黛玉遂回心转意，谅解宝玉。二人和好，执手泣泪之时，凤姐进来，见状拉了黛玉至贾母跟前，笑说二人不用人费心，已然和好。凤姐原话：“我及至到那里要说合，谁知两个人倒在一处对赔不是了。对哭对诉，倒像‘黄鹰抓住了鹞子的脚’，两个都扣了环了，那里还要人去说合。”

黄鹰抓住鹞子的脚，二者的钩爪相互紧扣，不易掰开。比喻亲密不可分。

（3）黄柏木作磬槌子——外头体面里头苦。

【解析】

这条歇后语出自第五十三回“宁国府除夕祭宗祠　荣国府元宵开夜宴”。适逢年终，宁国府田庄庄头乌进孝前来上交地租。贾珍苛责钱物欠丰，乌进孝解释说年成不好。交谈间，贾珍、贾蓉说到荣国府这几年省亲开销大，也穷了。乌进孝以为府里出了个娘娘，赏银定然丰厚，却不知贾府风光外表下实则日益艰难。贾珍笑道：“所以他们庄家老实人，外明不知里暗的事。黄柏木作磬槌子——外头体面里头苦。”

黄柏：落叶乔木，木质坚硬，味苦。磬：古代打击乐器。用黄柏木制作的磬槌子，多在祭祀礼仪场合使用，外表削磨得光滑亮丽，内里实则是苦的。比喻外表体面阔气，内里却有苦难言。

（4）耗子尾巴上长疮——多少脓血儿。

【解析】

这条歇后语出自第六十八回“苦尤娘赚入大观园　酸凤姐大闹宁国府”。先前贾琏偷娶尤二姐，凤姐得知。趁贾琏外出，凤姐假意将尤二姐接到大观园，照顾妥帖，同时又暗中派人打听尤二姐的身世，收买尤二姐指腹为婚的对象张华去官府告发尤二姐。凤姐借官司大闹宁国府，与贾珍、尤氏和贾蓉理论。凤姐原话："你兄弟又不在家，又没个商议，少不得拿钱去垫补，谁知越使钱越被人拿住了刀靶，越发来讹。我是耗子尾巴上长疮——多少脓血儿？所以又急又气，少不得来找嫂子。"

老鼠尾巴细小，就是生了疮，出的脓血也不会太多。比喻钱财不多或才能有限，没多大能耐。

（5）羊群里跑出骆驼来了——就只你大。

【解析】

这条歇后语出自第八十八回"博庭欢宝玉赞孤儿　正家法贾珍鞭悍仆"。贾宝玉与贾母聊天，说自己替贾环对出了师父出的对子，帮贾环解了围。贾母询问贾兰对对子的情况，宝玉夸赞贾兰自己对出了对子。贾母心里欢喜，不过为确认宝玉是否说谎，故意道："我不信，不然也就是你闹了鬼了。如今你还了得，'羊群里跑出骆驼来了，就只你大'。你又会做文章了。"

骆驼在羊群里，只有它显出高大。比喻本事比其他人都大。常用于嘲讽或表示诙谐。

（6）刘姥姥进大观园——洋相百出。

【解析】

刘姥姥是《红楼梦》中塑造得最精彩的人物之一。她是一名贫苦的老农妇，因是王夫人娘家的远亲，遂有机会几次进入贾府。由于身份和阶层的迥异，刘姥姥进入大观园中，身处花团锦簇、富贵繁华之地，显得格格不入，闹出了很多笑话。"刘姥姥进大观园"比喻没有见过世面的人来到陌生新奇的花花世界。这条歇后语常用来揶揄那些见识短浅、孤陋寡闻的人，也可用来表示自谦或者自嘲。

2. 其他相关歇后语。

贾宝玉爱林妹妹——好梦难圆

贾宝玉住在小西屋——到哪儿说哪儿

贾宝玉看《西厢记》——戏中有戏

林黛玉葬花——自叹命薄

胳膊折了往袖子里藏——自掩苦处

引风吹火——费力不多

宋徽宗的鹰，赵子昂的马——都是好话（画）儿

大观园里哭贾母——各有各的伤心处

拓展迁移

◎ 再搜集一些与四大名著有关的歇后语，与同学们分享交流，讲解其出处和含义。

第二章

字字珠玑蕴才思

经典诗文是中华优秀传统文化的重要载体，这些优秀的作品字字珠玑，句句琳琅，弥漫着智慧、才思与情志的馨香。让我们沿着经典诗文的长河尽情漫游吧！

第一节　古诗绝咏

一、咏史诗选读

咏史诗是以吟咏或评论历史事件、历史人物等为题材的诗歌。其以对历史的理性思考为指归，或阐发独特的见解，或寄托情志态度，或提出历史鉴戒。咏史诗将史事与文学联系在一起，开发了史事的文学潜能，亦拓宽了诗歌的题材领域。

咏　史

［唐］李商隐

北湖①南埭②水漫漫，一片降旗百尺竿③。

三百年④间同晓梦，钟山⑤何处有龙盘⑥？

【注释】

①北湖：即今南京玄武湖。②南埭（dài）：即鸡鸣埭，在玄武湖边。埭，水闸，土坝。“北湖南埭”统指玄武湖。这里本是南朝操练水军之地，帝王也常来此游玩。③“一片”句：语出刘禹锡《西塞山怀古》：“一片降幡出石头。”本指吴主孙皓投降于晋龙骧将军王濬而东吴灭亡之事，此言六朝大多短祚，改朝换代频繁。④三百年：指东吴、东晋、宋、齐、梁、陈六朝存续总时间的约数。⑤钟山：即今南京紫金山。⑥龙盘：传说诸葛亮观金陵形胜乃言：“钟山龙盘，石城虎踞，帝王之宅也。”

【赏析】

这首诗借六朝兴亡的总体史实来抒发感慨。首句“北湖南埭水漫漫”突出了六朝故都的典型景色。北湖、南埭是六朝操练水军和帝王游玩之地，可是如今只剩下汪洋一片，直观的画面营造出历史变迁的空虚渺茫之感。第二句“一片降旗百尺竿”，通过具体事物的特写形象地表现了六朝王运之终。“一片降旗”是六朝各政权末叶覆亡的总的象征，“百尺竿”生动地描绘了降旗高举的景象，突出了六朝悲亡相续的命运。第三句从时间角度囊括六朝兴亡，三百年间朝代更迭纷纷，仿佛一场晓梦。经过前三句的层层铺垫蓄势，终于在末句一针见血地提出思考、抒发感慨：钟山龙盘、帝王之宅的说法哪里有根据？六朝定都于此，皆迅速亡国，可见一个政权并不能依靠地势之险要雄伟得以保全。以反诘的语气加强否定，遒劲悲慨，意味深长。

该诗用笔高度凝练，具体史事皆略去不表，而摄取典型画面和形象，以跨越时空的粗线条整体描画六朝兴亡的历史，具有含蓄苍茫的美学特征；末句议论沉着明快，使得诗意爽朗率直，铿锵有力。

人物档案

李商隐（813—858），字义山，号玉谿生，怀州河内（今河南沁阳）人，唐代诗人。曾任县尉、秘书郎和东川节度使判官等职。因卷入牛李党争的政治旋涡而备受排挤，一生困顿不得志。其诗对时弊多有反映，咏史诗尤为突出。诗作构思精密，风格秾丽。部分诗歌因用典过多，隐晦难解。与杜牧并称“小李杜”，又与温庭筠并称“温李”。有《李义山诗集》。

题乌江亭[①]

［唐］杜　牧

胜败兵家[②]事不期[③]，包羞忍耻[④]是男儿。

江东[⑤]子弟多才俊，卷土重来[⑥]未可知。

【注释】

①乌江亭：在今安徽和县东北的乌江浦，相传为西楚霸王项羽自刎之处。②兵家：一作“由来”。③事不期：一作“不可期”。不期，难以预料。④包羞忍耻：意谓大丈夫能屈能伸，应有忍受屈耻的胸襟气度。⑤江东：指长江下游芜湖、南京以下的江南地区，是项羽起兵之地。⑥卷土重来：指失败以后整顿以求再起。

【赏析】

会昌年间，杜牧任池州刺史，路过乌江亭，写下了这首咏史诗。诗作首句直截了当地指出胜败乃兵家常事这一大众皆知的道理，这里暗示了关键在于如何对待的问题，为下文作铺垫。第二句指出男子汉应有忍受屈耻的胸襟气度，即使遭遇挫败也不能轻言放弃。这里实际是委婉地批判项羽自刎之事：遭到挫折便灰心丧气，含羞自刎，怎么算得上真正的男子汉呢？

三、四两句提出项羽与历史上不同的抉择与命运结局的设想。“江东子弟多才俊”，化用《史记·项羽本纪》中乌江亭长之语。“于是项王乃欲东渡乌江。乌江亭长舣船待，谓项王曰：‘江东虽小，地方千里，众数十万人，亦足王也。愿大王急渡，今独臣有船，汉军至，无以渡。’项王笑曰：‘天之亡我，我何渡为！且籍与江东子弟八千人渡江而西，今无一人还，纵江东父兄怜而王我，我何面目见之！纵彼不言，籍独不愧于心乎！’……乃自刎而死。”项羽听了乌江亭长的话，并没有选择渡江重整旗鼓，而是觉得无颜见江东父老，遂自刎而死。紧接着，“卷土重来未可知”，是全诗最关键的一句，其意谓如能忍辱渡江，或许能卷土重来，大有可为。诗人在对项羽自刎的惋惜、批判之余，强调了兵家要有不屈不挠的意志，胜不骄，败不馁。

该诗以独特的眼光审视和评判历史，议论不落传统说法之窠臼，匠心独运。

人物档案

杜牧（803—853），字牧之，京兆万年（今陕西西安）人，唐代文学家。曾任监察御史以及黄、池、睦诸州刺史等职。晚年长居樊川别业，世称杜樊川。自负经略之才，诗、文均有盛名。文以《阿房宫赋》为最著，诗作明丽清俊，绝句尤受人称赞，世称“小杜”。与李商隐齐名，并称“小李杜”。有《樊川文集》。

叠题乌江亭

[宋]王安石

百战疲劳壮士哀，中原一败[①]势难回。

江东子弟今虽在，肯与君王卷土来？

【注释】

① 中原一败：指项羽垓下之败。

【赏析】

宋仁宗至和元年（1054）秋，王安石舒州通判任满赴京途经和州，针对杜牧《乌江亭》，写下了这首咏史诗。诗歌开篇就以史实扣题，针对项羽的失败直接指出“势难回”。无数次大小战争使得军民疲劳不堪，“垓下之围”后楚军士气极其低落，项羽已经失去“天时、地利、人和”中最重要的“人和”因素，是真正的大势已去。三、四两句进一步以辛辣的口吻设问：即使项羽真的重返江东，江东子弟怎愿再跟随他征战？这里抓住人心向背是胜败的关键这个根本，一针见血。

这首诗以楚汉战争发展的客观形势为依据，对项羽不可能卷土重来的结局进行冷静分析和理性判断，显示了政治家的果敢和睿智。其观点与杜诗相反，二者都是巧妙独到的史论，是针对同一历史事件所作的不同角度的思考，所强调的道理也都有各自的意义和价值。

人物档案

王安石（1021—1086），字介甫，号半山，抚州临川（今江西抚州）人，北宋政治家、思想家、文学家。历任扬州签判、鄞县知县、舒州通判等职，政绩显著。熙宁二年（1069），为参知政事，次年拜相，主持变法。因守旧派反对，熙宁七年（1074）罢相。一年后被神宗再次起用，旋即又罢相，退居江宁，封为荆国公，世称王荆公。王安石文、诗、词均有成就。其诗风格多样，擅长说理与修辞，既新奇工巧又含蓄深婉，被称为“荆公体”。

马嵬[①](其一)

[清]袁　枚

莫唱当年《长恨歌》[②],人间亦自有银河[③]。

石壕村里夫妻别[④],泪比长生殿[⑤]上多。

【注释】

①马嵬:即马嵬坡,在今陕西兴平西。安史之乱时,唐玄宗自长安逃往蜀中,经马嵬坡时,禁军哗变,杀死权奸杨国忠,又迫使玄宗命杨贵妃自缢。②《长恨歌》:唐代诗人白居易所作之诗,写的是唐玄宗宠幸杨贵妃而造成的政治悲剧与爱情悲剧。③银河:天河。神话传说中,牛郎织女被银河隔开,不得聚会。此谓夫妻分离。④石壕村里夫妻别:唐代诗人杜甫《石壕吏》诗,写安史之乱时唐军征兵役,造成石壕村中一对老年夫妻惨别的情形。⑤长生殿:唐玄宗与杨贵妃居处,旧址在陕西骊山华清宫内。

【赏析】

乾隆十七年(1752),袁枚赴陕西候补官缺,途经马嵬驿,写下了《马嵬》组诗四首,这里所选为其中一首。诗歌首句直击历史人物和事件,"莫唱当年《长恨歌》",意即莫要再大书特书唐玄宗和杨贵妃的爱情故事,这是针对《长恨歌》及后代与之同题材的作品而发。第二句则交代前句说法的原因——普通百姓中亦有许多夫妻分离的故事,这里陡然将视线从统治阶级转向底层人民。在唐玄宗统治时期,战争频繁,尤其是安史之乱,军民伤亡惨重。战争在人间划出了无数条银河,使得人们生离死别,无法团聚。第三句将视线聚焦于一个特写场景,即杜甫诗中石壕村一对老年夫妻被迫分离的惨状。"石壕村里夫妻别"是当时人民离散的普遍现象的一个缩影,所以末句作者感叹:"泪比长生殿上多。"长生殿上帝妃之泪,与百姓之泪相比,根本微不足道。从更深层次看,前者也是造成后者的原因。

这首诗从一个独特的角度吟咏和评论唐玄宗与杨贵妃之史事,突出表达了对百姓之苦的同情。诗中《长恨歌》与"人间银河"、长生殿与石壕村两组比照,体现了民为贵、君为轻的民本思想。

人物档案

袁枚（1716—1798），字子才，号简斋、随园，浙江钱塘（今杭州）人，清代文学家。曾任溧水、江浦、沭阳、江宁知县，后辞官侨居江宁。诗、文皆有成就，亦能作小说。与赵翼、蒋士铨合称“乾隆三大家”。其诗内容广泛，构思新颖，富有独创性，注重表现真性情，善于说理，亦庄亦谐。

二、怀古诗选读

怀古诗是由凭吊古迹而产生联想和想象，引起感慨，从而抒发情怀襟抱的诗歌。与咏史诗相比，怀古诗更侧重于对历史遗迹和相关人事的描绘和感性的抒怀。

登金陵凤凰台①

［唐］李　白

凤凰台上凤凰游，凤去台空江自流。
吴宫②花草埋幽径，晋代③衣冠④成古丘⑤。
三山⑥半落青天外，一水⑦中分白鹭洲⑧。
总为浮云⑨能蔽日，长安不见使人愁。

【注释】

①凤凰台：故址在今南京市凤凰山。传说南朝宋元嘉十六年(439)有三只凤凰翔集山间，时人即筑凤凰台于山顶，山亦名曰凤凰山。②吴宫：三国时吴国建都建业，即金陵之地。③晋代：东晋建都建康，即金陵之地。④衣冠：指士大夫。⑤丘：坟墓。⑥三山：山名，在今南京市西南长江边，因三峰并列、南北相连而得名。⑦一水：指秦淮河。⑧白鹭洲：古代长江中的一个小洲，在今南京市水西门外，现已与陆地相连。⑨浮云：比喻奸佞小人。陆贾《新语·慎

微》:“邪臣之蔽贤,犹浮云之障日月也。”

【赏析】

此诗是作者流放夜郎遇赦返回后所作,一说是其被排挤离开长安,南游金陵时所作。

诗的第一句点题,写凤凰台的传说,自然飘逸。而接着的一句却是无限感慨:凤去台空,六朝的繁华也不复存在,只有长江水依旧不停流淌。一个“自”字,道出了多少历史兴亡的喟叹。这十四字连用三个“凤”字,却无重复之嫌,反而使得音节流转明快。三、四两句承上,以“吴宫”“晋代”一联,概括了凤凰台地处六朝故都所见证的历史兴亡,寄寓着无限的悲凉。然而,诗人没有让自己的情感沉浸在对历史的凭吊之中,他把目光又投向大自然,投向那奔流不尽的江水。“三山半落青天外,一水中分白鹭洲。”三峰并列,在云雾中若隐若现,好似有一半落在青天之外;秦淮河西入长江,被白鹭洲横截,江水一分为二,形成两条河流。这两句对仗工整,气象壮丽,是难得的佳句。最后两句有着深刻的寓意:“浮云”喻指奸佞小人,“日”喻指君主。诗句暗示君主被奸佞包围,朝政腐败,表达了诗人报国无门的苦闷心情。

这首怀古诗是脍炙人口的千古名篇,诗中古迹景物、历史典故和诗人的思想感情交织在一起,视线和情感跨越时空,激荡着苍茫浑厚之气。全诗语言流畅自然,潇洒清丽。

蜀　　相①

[唐]杜　甫

丞相祠堂何处寻,锦官城②外柏森森③。

映阶碧草自春色,隔叶黄鹂空好音。

三顾④频烦⑤天下计,两朝⑥开济⑦老臣心。

出师未捷⑧身先死⑨,长使英雄泪满襟。

【注释】

①蜀相:指诸葛亮。章武元年(221),刘备在蜀称帝,任命诸葛亮为丞相。②锦官城:在成都西南部,汉代主管织锦业的官员居此,故称。③森森:形容高大茂密的样子。④三顾:指刘备三顾茅庐,请诸葛亮出山。⑤频烦:意为多次烦劳,反复咨询。⑥两朝:刘备、刘禅父子两朝。⑦开济:指辅佐刘备和刘禅成

就帝业。⑧出师未捷：指“兴复汉室，还于旧都”的理想未能实现。⑨身先死：建兴十二年（234），诸葛亮出师伐魏，病死军中，时年五十四。

【赏析】

此诗是唐肃宗上元元年（760）春杜甫到成都后初游武侯祠时有感而作。诗借咏丞相祠堂，歌颂诸葛亮的丰功伟绩，寄托缅怀之哀思。

前四句寻访诸葛祠。以“柏森森”“映阶碧草”“隔叶黄鹂”描绘祠堂的自然景境，一“自”、一“空”，顿然形成凄寂氛围，促生感物怀人之慨。

后四句寻想诸葛亮其人。五、六两句言简意赅，概其一生功业和才德。最后两句对诸葛亮大业未竟、赍志而殁深表痛惜，满怀景仰和同情。杜甫有“致君尧舜”的政治理想而郁郁不得志，所以对诸葛亮功业未竟一洒英雄之泪，亦是诗人身世之自伤，同时道出了古今无数悲情英雄共同的感慨，言有尽而意无穷。

西塞山①怀古

［唐］刘禹锡

王濬②楼船下益州，金陵③王气④黯然收。

千寻铁锁沉江底⑤，一片降幡出石头⑥。

人世几回伤往事，山形⑦依旧枕寒流⑧。

今逢四海为家⑨日，故垒⑩萧萧⑪芦荻⑫秋。

【注释】

①西塞山：位于今湖北省黄石市，又名道士洑，山体突出到长江中，因而形成长江弯道，站在山顶犹如身临江中。三国时，西塞山是东吴的江防要地。②王濬：西晋时人，益州刺史，受晋武帝之命于太康元年（280）正月伐吴。大军的战船从益州出发，进至吴都建业石头城下，吴主孙皓望风而降。③金陵：即指吴都建业（今南京）。④王气：帝王之气。⑤千寻铁锁沉江底：吴主孙皓命人在江中轧铁锥，又用大铁索横于江面，拦截晋船，终失败。寻，长度单位。⑥一片降幡（fān）出石头：王濬率船队顺流而下，直到金陵，攻破石头城，吴主孙皓到营门投降。幡，用竹竿等挑起的长方形旗帜。石头，城名，在今江苏南京城西的清凉山。⑦山形：指西塞山的形势。⑧寒流：指长江。⑨四海为家：即四海归于一家，指全国统一。⑩故垒：旧时的军事堡垒。⑪萧萧：秋风的声音。⑫芦荻：芦苇和荻花，多生在水边。

【赏析】

唐穆宗长庆四年(824),刘禹锡由夔州刺史调任和州刺史,在沿江东下赴任的途中,经西塞山时,写下了这首感叹历史兴亡的诗。

前四句写西晋灭吴的史事。西晋伐吴的军队顺江而下,吴国望风投降,政权遂灭亡,帝王之气霎时黯然收束。首联用笔极其减省,从讨伐开始到结局,一气呵成,体现出晋军讨伐之声势赫赫以及吴国之闻风丧胆。颔联摄取“千寻铁锁”和“一片降幡”两个事物,画面感极强,写吴国凭借长江天险自以为防御坚固,可实际却不堪一击,只能高举降旗。

后四句抒发由史事引起的感慨。“人世几回伤往事”概括了六朝兴亡,“山形依旧枕寒流”突出了物是人非之沧桑,同时也说明地形之险不足为恃。尾联宕开一笔,转而写“今”。如今江山一统,往日的军事堡垒已荒废在秋风吹拂的芦苇和荻花丛中。这里在讴歌天下一统局面的同时,也暗含着对当时藩镇叛乱潜在危机的隐忧,用笔深曲。

诗人剪裁史料的技巧高超,于六朝旧事之中单取西晋灭吴一事来进行赋咏;写西晋灭吴,又能抓住典型事件,虚实相间,洗练而紧凑。颈联叙中夹议,揭示命意。尾联以景作结,情致悠然,余韵不尽。

人物档案

刘禹锡(772—842),字梦得,洛阳(今属河南)人,自言系出中山(治今河北定州),唐代文学家、哲学家。曾任太子宾客,世称刘宾客。诗文俱佳,与白居易并称“刘白”,与柳宗元并称“刘柳”。诗歌雅健清新,善用比兴,以具有民歌特色的作品和怀古咏史诗成就最高。有“诗豪”之称。有《刘梦得文集》。

过三闾庙[①]

[唐]戴叔伦

沅湘[②]流不尽,屈子怨何深。

日暮秋风起，萧萧枫树林[3]。

【注释】

①三闾(lǘ)庙：即屈原庙，因屈原曾任三闾大夫而得名，在今湖南汨罗县境内。②沅(yuán)湘：指沅江和湘江，是湖南的两条主要河流。③枫树林：化用自屈原《招魂》："湛湛江水兮，上有枫；目极千里兮，伤春心。魂兮归来，哀江南！"

【赏析】

这是一首凭吊屈原的诗。首句写沅湘二水，其既是三闾庙周围的现实之景，又是屈原作品中经常吟咏的对象。第二句写屈原之"怨"，与前句相连，形成巧妙的比喻，将屈原内心的怨愤比作深沉悠悠的流水，写其怨之悠长深重，千载不绝。这两句义兼比兴，错综成文，回环婉曲。后两句没有继续交代屈原为何"怨"，而是描绘日暮江上秋风骤起、枫林摇落之景。"日暮""秋风""枫树林"合成一幅悲凉萧瑟的画面，更渲染出"怨"之深沉不尽，令人感慨万千。全诗以景结情，将深远的情思含蕴在景色描绘中，诗意隽永，空灵传神，韵味无穷。

人物档案

戴叔伦(732—789)，字幼公(一作次公)，润州金坛(今江苏常州市金坛区)人，唐代诗人。其诗多表现隐逸生活和闲适情趣，风格明净流宕，婉转清丽；亦有反映战后民众之苦的诗作。

拓展迁移

◎ 再搜集一些咏史诗和怀古诗名作，评赏其史论观点或手法风格。

第二节　古文撷英

中国古文源远流长，历代流传下来众多脍炙人口的名篇。这些作品闪耀着中国古代语言与思想的光辉，是我们了解中国历史与文化，开启中华优秀传统文化大门的一把钥匙。本节精选几篇不同时代的经典古文作品，让我们一起品读赏析，领略优美的文辞和深邃的思想。

祁奚请免叔向

《左传》

栾盈[①]出奔楚，宣子[②]杀羊舌虎[③]，囚叔向[④]。人谓叔向曰："子离[⑤]于罪，其为不知[⑥]乎？"叔向曰："与其死亡[⑦]，若何？《诗》曰：'优哉游哉，聊以卒岁[⑧]。'知也！"

乐王鲋[⑨]见叔向，曰："吾为子请！"叔向弗应。出，不拜。其人皆咎叔向。叔向曰："必祁大夫[⑩]。"室老[⑪]闻之，曰："乐王鲋言于君，无不行，求赦吾子，吾子不许。祁大夫所不能也，而曰必由之，何也？"叔向曰："乐王鲋，从君者也，何能行？祁大夫，外举不弃仇，内举不失亲，其独遗我乎？《诗》曰：'有觉德行，四国顺之[⑫]。'夫子，觉者也。"

晋侯[⑬]问叔向之罪于乐王鲋，对曰："不弃其亲，其有焉。"于是祁奚老矣，闻之，乘驲[⑭]而见宣子，曰："《诗》曰：'惠我无疆，子孙保之[⑮]。'《书》曰：'圣有谟勋，明征定保[⑯]。'夫谋而鲜过，惠训不倦者，叔向有焉，社稷之固也，犹将十世宥之，以劝能者。今壹不免其身，以弃社稷，不亦惑乎？鲧[⑰]殛[⑱]而禹兴。伊尹[⑲]放大甲[⑳]而相之，卒无怨色。管、蔡[㉑]为戮，周公[㉒]右[㉓]王。若之何其以虎也弃社稷？子为善，谁敢不勉？多杀何为？"宣子说[㉔]，与之乘，以言诸公而免之。不见叔向而归。叔向亦不告免焉而朝。

【注释】

①栾盈：晋国大夫。他为争夺执政之位而发起叛乱，失利后逃亡。②宣子：范宣子，晋国执政大夫。③羊舌虎：晋国大夫，栾盈同党。④叔向：即羊舌肸(xī)，晋国大夫，羊舌虎之兄。⑤离：同"罹"，遭受。⑥知：同"智"。⑦亡：指逃亡。⑧"优哉"二句：不见于今本《诗经》，是逸诗。叔向此处引用表示自己不

介入党争，优游卒岁是明智的行为。⑨乐王鲋（fù）：晋国大夫，姓乐王，名鲋，晋平公宠臣。⑩祁大夫：即祁奚，晋国大夫。他曾举荐仇人解狐及自己的儿子祁午，为时人称道。⑪室老：家宰，宗族家臣的负责人。⑫“有觉”二句：见《诗经·大雅·抑》。觉，直。⑬晋侯：指晋平公。⑭驲（rì）：古代驿站用的马车。⑮“惠我”二句：见《诗经·周颂·烈文》。⑯“圣有”二句：见《尚书·胤征》。谟，谋略。征，证明。⑰鲧（gǔn）：禹的父亲。⑱殛（jí）：杀死。⑲伊尹：商初大臣。他辅助汤攻灭夏桀，建立商朝，又历佐几代商王。⑳大甲：即太甲，商代国君，商汤之孙。即位后荒淫，被伊尹放逐。三年后悔过，被接回复位。（一说七年后潜回，杀伊尹。）㉑管、蔡：管叔、蔡叔，皆为周武王之弟。㉒周公：周武王之弟，名旦，曾助武王灭商。武王死，成王年幼，由周公摄政。㉓右：同“佐”，辅佐。㉔说：同“悦”。

【译文】

晋国大夫栾盈逃亡到楚国，范宣子杀掉羊舌虎，囚禁了叔向。有人对叔向说：“您遭受这样的罪，大概是由于自己不明智吧？”叔向说：“和那些被杀的和逃亡的人相比，我怎么样？《诗经》说：‘逍遥自在啊，姑且这么度完岁月。’这正是明智啊！”

乐王鲋来看叔向，说：“我帮您向国君求情！”叔向不回答。乐王鲋走时，他也不拜送。叔向手下的人都责怪叔向。叔向说：“请求赦免，一定要祁大夫才行。”叔向的家臣首领听到这话，便说：“乐王鲋对国君说的话，没有不被采纳的，他要帮您请求赦免，您却不答应。祁大夫不能办到，您却说非他不行，这是为什么？”叔向说：“乐王鲋是个顺从国君的人，他怎么能做到？祁大夫在推荐人才时，于外不弃仇人，于内不避亲人，难道会独独丢下我吗？《诗经》说：‘有正直的德行，四方都会归顺。’祁老先生就是个正直的人。”

晋平公向乐王鲋询问叔向的罪过，乐王鲋答道：“叔向不会背弃亲情，大概是他弟弟的同谋吧。”当时，祁奚已经告老去职，听说此事，忙坐上驿站的车子去见范宣子，说：“《诗经》说：‘赐给我们的恩惠没有边际，子子孙孙永远保持。’《尚书》说：‘圣明之人有谋略和功勋，应该对他的安定和护佑有明确的表示。’说到有谋略而少有过错，教育别人而不知疲倦，叔向正具有这两种优点，国家就靠这种人来巩固，即使他的十代子孙有过错，都要加以赦免，以此来勉励有才能的人。现在偶尔获一次罪却连自身都不能赦免，这是抛弃社稷之臣，岂不是太糊涂了吗？以前，鲧被杀死了，他的儿子禹却被任用。伊尹放逐过太甲，太甲复位后仍用伊尹辅佐自己，而且始终没有怨恨之色。管叔、蔡叔被杀，周公和他们是亲兄弟，却仍然辅佐成王。怎么能因为羊舌虎的缘故而抛弃叔向这样的社稷之臣呢？您做了善事，谁敢不努力为善？多杀人干什么？”范宣子听了很高兴，和他同坐一辆车入朝，向晋平公说明道理，赦免了叔向。祁奚没有去见叔向就回家去了。叔向也没有告诉祁奚获得赦免之事，直接就去朝见晋平公。

【赏析】

《左传》是中国古代第一部叙事完备的编年体史书，也是先秦散文作品的代表。其长于记述战争、刻画人物，具有很高的文学价值。本文是《左传》中的名篇，记叙的是春秋时期一个很有名的故事。晋国大夫羊舌虎参与栾盈叛乱被杀，其兄叔向被牵连入狱。叔向面对灾祸泰然自若，晋平公宠臣乐王鲋表示愿为他求情，他也不屑一顾，却唯独信赖已告老去职的大夫祁奚。祁奚果然为他说情，使他得到赦免。文章对人物性格的刻画十分传神，通过言语、行为的描写表现出叔向的镇静、睿智与知人，祁奚的急公好义。结尾尤为精彩，写祁奚不居功，叔向不道谢，看似不合理的行为更突出二人的性格特征以及彼此之相知，韵味无穷。

论贵粟疏（节选）

［汉］晁　错

圣王在上而民不冻饥者，非能耕而食之[①]、织而衣之[②]也，为开其资财之道[③]也。故尧、禹有九年之水，汤有七年之旱，而国亡捐[④]瘠者，以畜积多而备先具也。今海内为一，土地人民之众不避[⑤]禹、汤，加以亡天灾数年之水旱，而畜积未及者，何也？地有余利，民有余力，生谷之土未尽垦，山泽之利未尽出也，游食之民未尽归农也。民贫则奸邪生。贫生于不足，不足生于不农，不农则不地著[⑥]，不地著则离乡轻家。民如鸟兽，虽有高城深池，严法重刑，犹不能禁也。夫寒之于衣，不待轻暖；饥之于食，不待甘旨[⑦]；饥寒至身，不顾廉耻。人情，一日不再食[⑧]则饥，终岁不制衣则寒。夫腹饥不得食，肤寒不得衣，虽慈母不能保其子，君安能以有其民哉？明主知其然也，故务民于农桑，薄赋敛，广畜积，以实仓廪[⑨]，备水旱，故民可得而有也。

民者，在上所以牧[10]之。趋利如水走下，四方无择也。夫珠玉金银，饥不可食，寒不可衣，然而众贵之者，以上用之故也。其为物轻微易藏，在于把握，可以周海内而亡饥寒之患。此令臣轻背其主，而民易去其乡，盗贼有所劝，亡逃者得轻资也。粟米布帛，生于地，长于时，聚于力，非可一日成也。数石[11]之重，中人[12]弗胜[13]，不为奸邪所利。一日弗得，而饥寒至。是故明君贵五谷而贱金玉。

【注释】

①食（sì）之：给他们吃。食，作动词用。②衣（yì）之：给他们穿。衣，作动词用。③道：途径。④捐：遗弃，抛弃。⑤不避：不让，不次于。⑥地著（zhù）：附着于土地，定居一地。⑦甘旨：味道鲜美。⑧再食：吃两顿饭。⑨廪（lǐn）：粮仓。⑩牧：养，引申为统治、管理。⑪石：重量单位。汉制三十斤为一钧，四钧为一石。⑫中人：中等体力的人。⑬弗胜：不能胜任，指拿不动。

【译文】

在圣明的君王统治下百姓不挨饿受冻，这并非是因为君王能亲自种粮食给他们吃、织布匹给他们穿，而是由于他能给人民开辟财源。所以尽管唐尧、夏禹之时有过连续九年的水灾，商汤之时有过连续七年的旱灾，但国内没有被遗弃和瘦得不成样子的人，这是因为贮藏积蓄的东西多，事先早已作好了准备。现在全国统一，土地之大，人口之多，不亚于夏禹、商汤之时，又没有连年的水旱灾害，但积蓄却不如那时候，这是什么道理呢？原因在于土地还有潜力，百姓还有余力，能长谷物的土地还没有全部开垦，山林湖沼的资源尚未完全开发，游手好闲之徒还没有全部回乡务农。百姓生活贫困了就会去做邪恶的事。贫困是由于不富足，不富足是由于不从事农业生产，不从事农业生产就不能在一个地方定居下来，不能定居就会离开乡土，轻视家园。百姓像鸟兽一样四处奔散，即使有高大的城墙，深险的护城河，严厉的法令，残酷的刑罚，还是不能禁止他们。受冻的人对于衣服，不要求轻暖；挨饿的人对于食物，不要求香甜可口；饥寒到了身上，就顾不上廉耻了。人之常情是：一天不吃两顿饭就要挨饿，整年不做衣服穿就会受冻。肚子饿了没饭吃，身上冷了无衣穿，即使是慈母也不能保全她的儿子，国君又怎能保有他的百姓呢？贤明的君主懂得这个道理，所以让人民从事农业生产，减轻赋税，大量储积粮食，以充实粮仓，防备水旱灾荒，因此也就能够拥有人民。

对于百姓，要看君主用什么办法来管理他们。他们追逐利益就像水往低处流一样，不管东南西北。珠玉金银这些东西，饿了不能当饭吃，冷了不能当衣穿，然而人们还是看重它们，是君主使用它们的缘故。珠玉金银这些物品轻便小巧，容易收藏，拿在手里，可以周游天下而无饥寒的威胁。这就会使臣子轻易地背弃他们的君主，而百姓也随便地离开他们的家乡，盗贼受到了鼓励，犯法逃亡的人有了便于携带的财物。粟米和布帛的原料生长在地里，按季节成长，需要凝聚人力，并非短时间内可以成事。几石重的粮食，一般人拿不动，也不为奸邪的人所贪图。可是只要一天没有它，就要挨饿受冻。因此，贤明的君主重视五谷而轻视金玉。

【赏析】

《论贵粟疏》是汉代大臣晁错上呈给汉文帝的奏疏，是一篇著名的政论文。当时西汉王朝初建，朝廷采取了一系列促进生产、与民休息的措施，使社会经济得到恢复与发展。但与此同时，农业发展使粮价骤降，商业兴盛更令谷贱，农民遭受侵蚀兼并之害，破产流亡者甚多。《论贵粟疏》即针对这样的现象提出奏论。文章全面论述了“贵粟”（重视粮食）的重要性，提出使民务农等一系列主张，摆事实，讲道理，前后相承，步步深入，说理透彻，逻辑严密，结构错落有致。选段从古代圣君之功绩出发，通过古今对比，论述使民务农的重要性；又通过粮食与珠玉金银的对比，凸显粮食对于百姓安居和统治稳固的重要性。论述具体生动，有血有肉，说服力强。

人物档案

晁错（前 200—前 154），颍川（治今河南禹州）人，西汉政论家。文帝时任太常掌故，景帝时任御史大夫。曾建议逐步削夺诸侯王国的封地，巩固中央集权，为景帝所采纳。不久，吴、楚等七国以诛杀晁错为名举兵叛乱，他为袁盎等所谮，被杀。所著政论《论募民徙塞下书》《论贵粟疏》等议论犀利，分析深刻。鲁迅称其政论为“西汉鸿文”。

始得西山[1]宴游记

[唐]柳宗元

自余为僇人[2]，居是州，恒惴栗[3]。其隙[4]也，则施施[5]而行，漫漫[6]而游。日与其徒上高山，入深林，穷回溪[7]，幽泉怪石，无远不到。到则披[8]草而坐，倾壶而醉。醉则更相枕以卧，卧而梦，意有所极[9]，梦亦同趣[10]。觉而起，起而归。以为凡是州之山水有异态者，皆我有也，而未始知西山之怪特。

今年九月二十八日，因坐法华西亭[11]，望西山，始指异之。遂命仆人过湘江，缘染溪[12]，斫榛莽[13]，焚茅茷[14]，穷山之高而止。攀援而登，箕踞[15]而遨，则凡数州之土壤，皆在衽席之下。其高下之势，岈然[16]洼然[17]，若垤[18]若穴。尺寸千里[19]，攒蹙[20]累积，莫得遁隐。萦青缭白，外与天际[21]，四望如一。然后知是山之特立，不与培塿[22]为类。悠悠乎与颢气俱，而莫得其涯；洋洋乎与造物者游，而不知其所穷。引觞满酌，颓然就醉，不知日之入。苍然暮色，自远而至，至无所见，而犹不欲归。心凝形释，与万化[23]冥合。然后知吾向之未始游，游于是乎始。故为之文以志。是岁，元和四年也。

【注释】

①西山：山名，在今湖南永州西。②僇（lù）人：罪人。僇，同“戮”。③惴栗：忧惧不安。④隙：空闲。⑤施施（yíyí）：缓行的样子。⑥漫漫：随意、漫不经心的样子。⑦回溪：曲折的溪流。⑧披：拨开。⑨极：至。⑩趣：同“趋”，往，赴。⑪法华西亭：法华寺西的一座亭子，寺在永州城内东山上，作者于元和四年建亭，称为西亭，并有《永州法华寺新作西亭记》。⑫染溪：即冉溪，潇水支流，在永州西南。⑬斫榛莽：砍伐丛生的树木杂草。斫，砍。榛，丛木。莽，丛草。⑭茷（fá）：草叶茂盛的样子。⑮箕踞：席地而坐，两脚伸直岔开成簸箕状。⑯岈（xiā）然：山谷空阔的样子。⑰洼然：山谷低下的样子。⑱垤（dié）：蚁穴外的小土堆。⑲尺寸千里：指登高望远，千里之景似在尺寸之间。⑳攒蹙：聚集收拢。㉑际：连接。㉒培塿（pǒulǒu）：小土丘。㉓万化：万物。

【译文】

我自从成为有罪的人，住在这个州里，就常常忧惧不安。如有空闲时间，就慢慢地行走，漫无目的地游玩。每日和那些同伴上高山，入深林；走到曲折溪流的尽头，幽僻的泉水，奇异的山石，没有一处僻远的地方不曾到过。到了目的地就拨开野草坐下来，倒尽壶中酒，一醉方休。醉了就互相枕着睡觉，睡觉了就做梦，心中想到哪里，梦也做到哪里。睡醒了就起来，起来了就回家。我以为凡是这个州的山水中形态奇异的，我都领略过了，却不曾知道西山的奇异特别。

今年九月二十八日，我因坐在法华寺西亭，眺望西山，指点之中才发觉它的奇特。于是吩咐仆人渡过湘江，沿着染溪，砍伐丛生的树木杂草，焚烧茂密的茅草，一直到山顶才停下。（我们随后）攀援登上山顶，伸开双腿随意坐着观赏四周的景色，只见附近几个州的土地，就全在我们的坐席之下了。这几州的地势高低不平，有的山谷空阔，有的地势凹陷，有的像蚁穴外的小土堆，有的就像个小洞。登高望远，千里之景如在尺寸之间，聚集收拢在眼下，没有什么能够隐藏。青山萦回，白水缭绕，外与天边相接，向四面望去都是一样的景象。登上山顶后才认识到这座山的特别突出，与一般的小土丘不同。辽阔浩渺啊与天地间的大气合一，而不能探到它的边际，悠然自得啊和大自然交游，而不知它的尽头。（于是我们）拿起酒杯斟满酒，喝得东倒西歪地进入醉态，不知太阳已经下山。灰暗的暮色，从远处来到山头，直到什么都看不见了，我们还不想返回。（我只觉得）心凝固了，形体消散了，与自然界万物不知不觉地融为一体。（游过西山）然后才明白我以前不曾真正游赏过山水，真正的游赏山水是从这次开始的。所以写了文章把它记载下来。这一年是元和四年。

【赏析】

唐宪宗元和元年（806），柳宗元因参加王叔文革新运动被贬为永州司马。到永州后不久，母亲病故，柳宗元心情更加抑郁苦闷。在贬谪永州期间，他常探访游览山水，以排遣心怀，并写下了八篇著名的游记散文，称为《永州八记》。《始得西山宴游记》是《永州八记》的第一篇。此文记叙了作者发现和宴游西山的经过，描写了西山的景致，抒发了怀才不遇的愤懑和傲世蔑俗的情怀。文中所写西山之“怪特”，不为世俗所游赏，即是作者自身孤傲于世、无人赏识的写照。全文叙事写景皆饱含情感，山水之景与作者之心境情怀完美结合；语言骈散结合，灵动新奇。

人物档案

柳宗元(773—819)，字子厚，河东解县(今山西运城西南)人，唐代文学家、哲学家。世称柳河东、河东先生。因曾任柳州刺史，又称柳柳州。与韩愈共同倡导古文运动，并称“韩柳”，同列“唐宋八大家”。其散文论说性强，笔锋犀利，讽刺辛辣。游记写景状物，多有寄托。又工诗，风格清峻简洁。有《河东先生集》。

卖柑者言

[明]刘　基

杭有卖果者，善藏柑，涉①寒暑不溃②。出之烨然③，玉质而金色。置于市，贾④十倍，人争鬻⑤之。予贸得其一，剖之，如有烟扑口鼻，视其中，则干若败絮⑥。予怪而问之曰：“若所市于人者，将以实⑦笾豆⑧，奉祭祀，供宾客乎？将炫外以惑愚瞽⑨也？甚矣哉为欺也！”

卖者笑曰：“吾业⑩是有年矣。吾赖是以食⑪吾躯。吾售之，人取之，未尝有言，而独不足子所乎？世之为欺者不寡矣，而独我也乎？吾子未之思也。

“今夫佩虎符⑫、坐皋比⑬者，洸洸⑭乎干城之具⑮也，果能授孙、吴⑯之略耶？峨⑰大冠、拖长绅⑱者，昂昂⑲乎庙堂⑳之器㉑也，果能建伊、皋㉒之业耶？盗起而不知御，民困而不知救，吏奸而不知禁，法斁㉓而不知理，坐糜㉔廪粟㉕而不知耻。观其坐高堂，骑大马，醉醇醴㉖而饫㉗肥鲜者，孰不巍巍乎可畏，赫赫乎可象也？又何往而不金玉其外、败絮其中也哉？今子是之不察，而以察吾柑！”

予默然无以应。退而思其言，类东方生㉘滑稽之流㉙。岂其愤世疾邪者耶？而托㉚于柑以讽耶？

【注释】

①涉：经过，经历。②溃：腐烂，腐败。③烨然：光彩鲜明的样子。④贾：同“价”，价格。⑤鬻(yù)：原义为卖，此处转作买的意思。⑥败絮：破败的棉絮。⑦实：填满，装满。⑧笾豆：笾和豆，古代祭祀或宴会时盛食物用的两种器具。

⑨瞽：瞎子。⑩业：以……为职业。⑪食：同“饲”，这里有供养、养活的意思。⑫虎符：虎形的兵符，古代调兵用的凭证。⑬皋比：虎皮，指将军的坐席。⑭洸洸：威武的样子。⑮干城之具：捍卫国家的将才。具，才具，此指人才。⑯孙、吴：指古代著名军事家孙武和吴起。⑰峨：高，这里指高戴。⑱拖长绅：拖着长长的官带。绅，古代士大夫束在外衣上的腰带。⑲昂昂：气宇轩昂的样子。⑳庙堂：指朝廷。㉑器：才能，本领，这里指有才能的人。㉒伊、皋：指古代著名政治家伊尹和皋陶。㉓斁(dù)：败坏。㉔糜：同“靡”，浪费。㉕廪粟：国家发的俸米。㉖醇醲：味厚的美酒。㉗饫(yù)：饱食。㉘东方生：指东方朔。汉武帝时曾任太中大夫，性格诙谐，善于讽谏。㉙滑稽之流：指诙谐多讽、机智善辩的人。㉚托：假托。

【译文】

杭州有个卖水果的人，擅长贮藏柑子，经历一整年也不溃烂。拿出来还是光彩鲜明的样子，玉石一样的质地，金灿灿的颜色。放到市场上，卖出平常柑子十倍的价钱，人们却争相购买。我买到了其中的一个，切开它，像有股烟直扑口鼻，看它的里面，干枯得像破败的棉絮。我对此感到奇怪，问他说：“你卖给别人的柑子，是打算用来装在碗盘中祭祀祖先、招待宾客呢？还是要炫耀它的外表用来欺骗傻子和瞎子呢？你欺骗人的行为实在是太过分了！”

卖柑子的人笑着说：“我干这个行当有好多年了。我靠它来养活自己。我卖柑子，别人买它，不曾有人说过什么的，却唯独不能满足您吗？世上做欺骗的事的人不少呀，难道只有我一个吗？先生你还没有好好考虑过这个问题。

“现在那些佩戴兵符、坐在虎皮椅子上的人，威武的样子好像是捍卫国家的将才，他们果真能拿出孙武、吴起的谋略吗？那些头戴高高的官帽、腰上拖着长长的官带的人，气宇轩昂的样子好像是朝廷的能臣，他们果真能够建立伊尹、皋陶的功业吗？盗贼四起却不知道如何抵御，百姓困苦却不知道如何救助，官吏狡诈却不知道如何禁止，法度败坏却不知道如何治理，奢靡地浪费粮食却不知道羞耻。看看那些坐在高堂上，骑着大马，喝着美酒、吃着美食的人，哪一个不是威风凛凛得令人敬畏，声势显赫得令人羡慕效法？可是又有哪一个不是外表如金似玉、内心像破棉絮呢？现在你看不到这些现象，却只看到我的柑子！”

我沉默了，没有话应对。回家后思考这卖柑人的话，觉得他像是东方朔那一类诙谐多讽、机智善辩的人。难道他是对世间邪恶现象激愤痛恨之人吗？是假托柑子来讽刺世事吗？

【赏析】

这是一篇著名的寓言体讽刺散文。文章由买卖一个坏了的柑子的小事引起议论，假托卖柑者的一席话，以形象、贴切的比喻，揭示了当时盗贼蜂起、官吏贪污、法度败坏、民不聊生的社会现实，讽刺了那些冠冕堂皇、声威显赫的达官贵人实乃“金玉其外，败絮其中”的欺世盗名的人物，从而有力地抨击了元末统治者及统治集团的腐朽无能和社会的黑暗，抒发了作者愤世嫉俗的情感。

人物档案

刘基（1311—1375），字伯温，浙江青田南田武阳村（今属文成）人，明初政治家、文学家。曾在元朝为官，不久弃官隐居。后受朱元璋礼聘，参与谋划军事大计。明初任御史中丞兼太史令，封诚意伯。后以老请归。洪武八年（1375）为胡惟庸所谮，忧愤而死（一说被胡惟庸毒死）。诗文有成就，风格古朴雄放，不乏抨击统治者腐朽、同情民间疾苦之作。与宋濂、高启并称“明初诗文三大家”。有《诚意伯文集》。

拓展迁移

◎ 自主阅读《赵威后问齐使》《黄州快哉亭记》《左忠毅公逸事》三篇古文，试进行赏析，并谈谈自己的阅读体会。

第三章
文艺民俗竞风流

在华夏文明的沃土上，文艺民俗百花齐放，争奇斗艳。不同的文艺民俗形式折射出不同时代、不同地域人们的思想观念、审美趣味和生活情形。它们是中华传统文化的锦袍上最细致绮丽的纹饰。

第一节　龙舞中华

龙舞是节庆时常见的一种传统舞蹈形式。热烈的锣鼓声、鞭炮声、呐喊声中，色彩艳丽的祥龙翻飞腾跳，令人振奋不已。龙是中华民族的图腾，龙舞是华夏精神的象征，蕴含着奋发开拓、天人合一的文化内涵，是中华民族珍贵的文化遗产。

一、龙舞的起源

清代年画中的龙舞

龙舞，又叫“舞龙”“龙灯”，是一种由舞蹈者托举着龙形道具进行表演的传统民间舞蹈，普遍流行于中国各地。龙舞历史悠久，根据文献记载，汉代时已经有了形式较为完整的龙舞。唐宋时期的“社火”“舞队”表演中，龙舞已经是一种常见的表演形式。到了明清时期，龙舞越来越多地出现在民间娱乐活动中，成为大众喜闻乐见的一种表演节目。

关于龙舞的起源，众说纷纭。有人认为，龙舞最初是一种祈雨的祭祀活动。在中国传统文化中，龙是一种能行云布雨的神异动物。由于雨水对农业生产至关重要，因此就产生了崇拜龙以祈雨的仪式。早在商代的甲骨文中，就已有造土龙祈雨、数人伴随起舞的卜辞记载。西汉董仲舒《春秋繁露》中详载建造土龙以祈雨时，如何依据五行学说的原则，在不同的季节，建造不同数量、不同大小的土龙，涂以不同的颜色，面对不同的方向，并以不同的人数去舞蹈。或许正是从以祈求雨水和丰收为本源的祭祀仪式中，演化出龙舞这一舞蹈形式，并成为代代传承的民俗活动。

还有人认为龙舞起源于汉代“百戏”中的鱼龙之戏。古代文献中所记载的鱼龙之戏的场景大致是：一头瑞兽欢腾于庭院水池之中，不断激起浪花。突然，瑞兽消失不见，化为比目鱼遨游欢跃，抬头吐水，一时间水雾迷蒙，天昏地暗。此时，节目进行到高潮，在水池中遨游的鱼瞬间幻化成一条八丈长的黄龙，跃出水面，腾云驾雾，翩然舞动。黄龙舞动这一环节与龙舞存在相似之处。

汉代画像石中的鱼龙之戏

此外还有图腾祭祀起源说、“火祓术”起源说、蚕神祭祀起源说等。总之，无论究竟是何种起源，祈福呈祥的寓意和高度的观赏性是龙舞最突出的两大特点。

知识延伸

中国传统文化中龙的形象

龙是中国传统文化中的一种神异动物，其形象是人们想象和创造出来的。根据考古发现，在原始社会时期，龙的形象已经萌芽，并在其后经历了长期的发展演变过程。各个时代文物上所见的龙的形象多种多样，各种古籍资料对于龙的形象的描述也存在差异。东汉王充《论衡》说：“龙之像，马首蛇尾。”宋代画家董羽总结的“三停九似”理论成为后世画龙的框范：“自首至项，自项至腹，自腹至尾，三停也。九似者，头似牛，嘴似驴，眼似虾，角似鹿，身似象，鳞似鱼，须似人，腹似蛇，足似凤，是名为九似也。”还有的说法认为龙的形象是鹿的角，牛的耳朵，驼的头，兔的眼，蛇的颈，蜃的腹，鱼的鳞，虎的脚掌，鹰的爪子。总之，最终定型的龙是一种集合了多种动物特征的神奇的形象，人们同时也将各种动物的能力都赋予了龙，使其海陆兼通，无所不能。

［宋］陈容《九龙图》（局部）

对于龙的形象的来源，有多种说法。其中被广泛认可的一种说法是综合取象和模糊集成，认为龙是中国古人对鱼、鳄、蛇、猪、马、牛等动物和云、雷电、虹霓等自然天象模糊集合而成的一种神物。中国的龙文化源远流长，古人赋予龙三重含义：一是通天的神兽，二是君主的化身，三是吉祥瑞兽。在现代，龙成为中华民族的象征，华夏子孙自称“龙的传人”。

二、龙舞的种类及表演形式

龙舞种类多样，根据龙体制作材料的不同，可分为布龙、纸龙、草龙、百叶龙、鸡毛龙等；根据龙体制作方法的不同，可分为香火龙、段龙、板凳龙、人龙、肉龙等；根据龙头形象的不同，可分为凤凰龙、虾公龙、青蛙龙、鸭头龙等；根据舞法的不同，可分为鱼化龙、狮龙、龙虎斗、滚地龙、水龙船、旱龙船、游龙等。不同种类的龙舞的舞蹈造型和舞蹈技法各有特色。

龙舞的传统表演程序一般由“请龙”“出龙”“舞龙”“送龙”四个环节组成。

龙舞

舞龙环节大体是在锣、鼓、钹、唢呐等乐器的伴奏下，舞者持木杆举起龙形道具，或跑或跳，或转圈，做各种奇巧动作，形成祥龙翻腾飞舞的效果。舞龙的人数可多可少，少可一人舞双龙，多可数十人甚至一两百人共舞一条大龙，而以十人左右共舞一条龙为最常见。龙舞的动作类型主要包括"8"字舞龙动作、游龙动作、穿腾动作、翻滚动作、组图造型动作等。

传统龙舞总体上呈现出"南柔北刚"的地域风格特点。南方龙舞的道具相对小巧精细，表演动作以"圆曲相依"为特色，风格柔和；北方龙舞的道具则相对硕大威猛，表演注重气势，风格刚劲。

龙舞并非人、杆、龙的简单组合，其中蕴涵着团结合作、奋发向上的民族精神和"天人合一"的思想观念。1994 年，龙舞被纳入体育竞技比赛范畴，成为正式的体育竞技项目；健身龙舞也逐渐成为广受欢迎的大众运动项目。2006 年，龙舞被列入国家级非物质文化遗产名录。近年来，龙舞越来越多地走出国门，向世界展示着中华民族的精神力量。

三、丰富多彩的各地龙舞

1. 铜梁龙舞。

铜梁龙舞流传于重庆市铜梁区，其历史可追溯至隋唐时期。龙灯舞和彩灯舞是铜梁龙舞的两大系列，龙灯舞主要包括大蠕龙、火龙、稻草龙、笋壳龙、黄荆龙等 10 个品种；彩灯舞主要包括鱼跃龙门、泥鳅吃汤圆、十八学士、猪啃南瓜、高台龙狮舞等 12 个品种。

铜梁龙舞雍容华贵，套路精美，动作连贯自然，飘逸灵动。其风格集南北龙舞之所长，其道具既体现出北方龙的浩大与豪放，又同时具有南方龙的精美与灵巧；其舞蹈既有北方龙舞威猛有力、昂扬奔放的“刚”，又有南方龙舞轻缓细腻、活泼灵巧的“柔”。

大蠕龙是铜梁龙舞的代表性品种。其道具由龙头、龙身、龙尾共 24 节组成，代表着二十四节气，寓意四季太平、五谷丰登。大蠕龙舞动作套路极为丰富，同时采用游、滚、翻、穿、绕、盘、腾、跃等多种技法，将龙的动势展现得淋漓尽致；参舞人数众多，大量的空间调度使得构图多变，灵活生动。

2. 湛江人龙舞。

广东省湛江市的人龙舞，素有“东海一绝”的美誉。表演时，几十上百甚至数百名青壮年和少年身穿短裤，排队相接，组成一条“长龙”，在锣鼓震天、号角齐鸣中，高昂“龙头”，跃动翻腾，一如蛟龙出海，势不可挡。湛江人龙舞有起龙、龙点头、龙穿云、龙卷浪等独具特色的表演程式，表演者练就了快速托人上肩的稳健动作和步法，队形流畅多变，动作一气呵成，远望动感十足，近观粗犷雄壮，具有独特的海岛色彩和浓厚的乡土气息。

相传人龙舞大约始于明末，当时，被清军打败的明军撤退到雷州半岛的东海岛，适逢中秋，当地百姓为鼓舞明军士气，就把当地儿童间流行的一种杂耍游戏组织起来进行表演，从而形成人龙舞的雏形。传统人龙舞的演出时间主要为农历八月十五，演出场地集中在海边、圩镇小街等。后来，人龙舞逐渐走出海岛，成为湛江一带节庆场合的常见表演节目。

人龙舞是东海岛特殊社会历史因素与地域自然条件的产物，它融合了古海岛群众娱龙、敬龙、祭海、尊祖、奉神等多种风俗，形成了别具一格的龙舞表演形式，展现着振奋人心的“人龙”精神。

3. 浦江板凳龙。

浦江板凳龙盛行于浙江省金华市浦江县，在江南沿海地区影响很大。板凳龙，顾名思义，就是用板凳串联而成的龙灯。一条浦江板凳龙由龙头、龙身和龙尾三部分组成。龙头硕大，用竹篾扎成，外面裱上绵纸，在纸上绘祥云、龙鳞、龙脚等。龙身由几十节、几百节甚至上千节板凳串联而成，每节板凳上扎有花灯，花灯的造型有方灯、酒坛灯、字姓灯、人物灯等，灯面以书法、绘画、剪纸等不同的艺术形式进行装点。一条浦江板凳龙，就是一个集合了书法、绘画、剪纸、刻花和扎制编糊工艺的艺术综合体。

浦江板凳龙的表演阵式非常丰富，有麦饼团、元宝阵、风炉栅、铁索环、梅花形等 10 余种。其表演融体育、杂技、舞蹈于一炉，以广场性、惊险性为主要特征。

浦江板凳龙保留了江南沿海一带“龙信仰”的民间文化传统，融汇了多种艺术形态，是一项具有突出的民间工艺传承功能的群众体育和广场舞蹈形式。

4. 长兴百叶龙。

长兴百叶龙发源并流传于浙江省长兴县林城镇一带，至今已有 160 多年的历史。其龙形道具由“百叶”构成，这里的“叶”是指一片片荷花瓣。以数十个扎上荷花瓣的竹圈做龙身，圈与圈之间有绳相连，可叠可伸，相叠时宛似一朵朵荷花，拉伸开形成一条以花瓣为鳞的彩龙，就构成了独具特色的“百叶龙”。

百叶龙表演开始时，演员手持荷花、荷叶、蝴蝶等道具分开站立，边唱边舞，表现蝴蝶飞舞于荷花丛中的场景。片刻后，两端的演员分别将特制的道具翻转成龙头与龙尾，其他演员以荷花道具相连形成龙身，以荷叶道具组成祥云，随即一条花龙腾空而起，跃动飞舞。百叶龙舞的主要队形有长蛇阵、接龙、踩四门、剪刀阵、走四角等，主要动作有游龙、滚龙、龙盘柱、龙出水、龙吐须等。

长兴百叶龙的道具造型和表演风格具有江南水乡独特的灵秀韵味，带给人们美不胜收的视觉享受。

5. 易县摆字龙灯。

易县摆字龙灯从清代乾隆时期开始长期流传于河北易县，因龙体内置灯，并可用龙体摆出各种字形而得名。摆字龙灯的道具由 13 节龙身组成，另加领龙绣球 1 个。每节龙身内设三环套月式蜡烛签 3 个，这种蜡烛签设计精巧，舞动时烛火始终朝上，不会熄灭。

摆字龙灯表演一般由 14 人进行，“蜘蛛”（引龙人）在前领舞，另外 13 人分别举着龙头、龙身、龙尾摆字。表演常在晚上进行，先让周围的光线暗下来，而后在锣鼓镲铙的伴奏下，一条火龙翩翩起舞，舞龙者不断变换队形摆出 13 画以内的汉字，组成“天下太平”“安居乐业”等具有吉祥寓意的词句。摆字龙灯队形变化丰富，有龙摆尾、地卧龙、天卧鱼、龙塔垛、跑“8”字等。在整个表演中，龙尾单独行动，每个字的最后一笔均由龙尾完成，方式是龙尾绕场一周，再到达笔画相应的位置，呈现出轻松逗趣、灵动活泼的效果。

拓展迁移

◎ 你观看过龙舞表演吗？说说观看时的感受。

◎ 查找各地龙舞表演的相关资料，选择其中你喜欢的一种，向同学们作介绍。

第二节　丹青溢彩

中国画，简称“国画”，是运用中国传统绘画工具（笔、墨、纸、砚、颜料等）所绘的画。由于中国古代绘画常用朱红、青色，故又称“丹青”。中国古代绘画起源很早，在漫长的发展过程中取得了辉煌的艺术成就。

一、史前绘画

史前时期是中国绘画的萌芽时期，这一阶段绘画艺术的主要表现形式为彩陶的装饰纹样，此外还有岩画、壁画和地画等。新石器时代的陶器是实用与艺术的结合，彩陶上面的装饰纹样类型丰富，有动物纹、人形纹、几何纹等，表明当时人们已经具有了一定的审美意识。这些史前绘画作品是原始社会人们杰出的艺术创造，对后世绘画的发展具有深远影响。

新石器时代的舞蹈纹彩陶盆

二、夏商周绘画

夏代开始，随着奴隶制的建立和发展，一部分奴隶从劳动中解放出来，从事艺术创造活动，绘画艺术得到了较快发展。夏商周绘画的主要形式包括壁画、器物装饰图纹以及帛画。

由于年代久远，这一时期完整的壁画遗迹尚未发现有留存，但从历史文献资料中可以看到当时壁画艺术的兴盛。根据记载，这一时期宫殿明堂、贵族宅第等建筑多绘有壁画，主要题材为历史人物故事，类型以人物肖像画为主，在装饰功能之外，注重绘画的教化和鉴戒作用。

夏商周是中国青铜文明的鼎盛时期，绘画艺术在青铜器以及玉器、漆器

战国宴乐渔猎攻战纹图壶

等器物的装饰图纹上得到突出展现。这一时期的器物装饰纹样直接来源于彩陶纹样并进一步发展，饕餮纹、夔龙纹、虎纹、鸟纹、云雷纹、蕉叶纹等各种纹饰，使得器物呈现出或庄严神秘或精致华美的风格。器物装饰图画则主要表现宴乐、狩猎、采桑、水陆攻战等场景，多见于春秋战国时期的青铜器上。这些装饰图画构图严密，人物和兽类刻画简练，富于动感，对场景的表现也很生动形象，已具有很强的艺术表现力。

帛画是绘制在丝织品上的图画。春秋战国时期，丝织业已较为发达，丝织品逐渐成为贵族阶层常用的书写和绘画材料。帛画的内容以人物和神怪为主，一般以墨线勾描，线条有力，节奏起伏变化，富于装饰趣味。现存年代最早者为湖南长沙出土的战国楚墓帛画，其线描规整、劲利、流畅，构图平稳，动静和谐，虚实有度，已经具有相当高的艺术水平。从帛画开始，中国就有了在平面材质上创造形象、表情达意的独立绘画作品，中国绘画的基本特色也已初步形成。

战国《龙凤仕女图》帛画

三、秦汉绘画

秦汉时期，在统治者巩固中央集权、彰显皇权的措施影响下，绘画的政治宣传功能和道德教化作用显著增强。这一时期，绘画由前代主要作为装饰和点缀，逐步向独立的“纯”的艺术发展。秦汉绘画主要包括宫殿寺观及墓室壁画、帛画和工艺装饰画等门类，呈现出古朴雄浑的总体风格。

根据历史文献记载及考古发现，秦汉时期的宫殿衙署普遍绘制壁画，内容多为神话故事、历史故事、山川人物以及现实生活题材，主旨包括彰显王朝和统治者威严、借古知今以及树立榜样供人效法等。东汉明帝命人在河南洛阳白马寺绘制《千乘万骑群象绕塔图》，成为中国佛教寺院壁画的肇始。汉代流行厚葬风气，墓室壁画发展兴盛。汉代墓室壁画选材包罗万象，包括宇宙天象、神怪灵异、鸟兽草木、历史故事、车马仪仗、亭台楼阁以及墓主人生前生活和功绩等。这些壁画构图质朴，造型多样，线条细致流畅，用色丰富和谐，风格古朴凝重，对人物精神风貌和场景壮观气势的展现尤为突出，丰富了我国古代早期绘画的内容和题材。

秦宫三号遗址壁画

河南安平东汉墓壁画

汉代是帛画发展的鼎盛时期，但是由于丝织品难以保存，流传下来的帛画极少。目前发现的湖南长沙马王堆汉墓帛画等作品线条奔放，设色浓艳，想象瑰丽，人物形象刻画细致、生动、传神，体现了汉代绘画的卓越水平，也标志着中国传统人物画的进一步成熟。

此外，秦汉时期的工艺装饰画也发展到一个较高的水平。工艺装饰画多绘于梳篦、铜镜、铜管等细小物件上，于方寸之内实现丰富的构图，物象生动活泼，格调富丽。

湖南长沙马王堆汉墓帛画

四、魏晋南北朝绘画

魏晋南北朝时期，政局动荡，战乱频繁，大一统的格局土崩瓦解，南北方以及各民族文化碰撞、交融，原来注重政治教化和实用功能的绘画格局被突破，更多自觉自由的艺术性元素涌现出来。动荡的社会环境导致文人士大夫消极避世，转而较多地参与到文学艺术创作活动中，以寻求志趣的表达和情感的宣泄，他们的绘画创作与批评活动促进了中国绘画题材、风格、技法、理论等多方面的发展。

绘制于北魏时期的莫高窟第257窟壁画

由于佛教的兴盛，佛教题材的绘画蔚然成风。石窟和寺庙的壁画依然是画坛大宗，其中尤以这一时期的敦煌莫高窟壁画成就最高。北齐曹仲达擅画佛像，创造出“曹家样”的佛像风格和“曹衣出水”的人物画衣服褶纹表现程式。这些佛教题材的绘画作品广泛吸收域外画风，丰富了中国绘画的风格和技法。

[晋]顾恺之《洛神赋图》(局部)

这一时期的人物画已经高度成熟，由于玄学和人物品藻之风的影响，人物画讲究传神，注重人物神韵、品格和气度的展现，以《女史箴图》《洛神赋图》《北齐校书图》等作品为代表。山水画也经历了一个重要的发展阶段，以第一幅真正意义上的山水画——东晋顾恺之《庐山图》为标志，山水不再仅仅作为人物画的背景，而逐渐往独立的画科发展；南北朝时，山水画的理论与实践进一步趋于成熟，山水透视等原理已经得到明确阐述。

与前代相比，画家不再处于无名工匠之列，而是获得了独立的地位，曹不兴、顾恺之、张僧繇、陆探微、卫协等成为中国历史上第一批有史料记载的画家。

术语辞典

曹衣出水：北齐画家曹仲达所创的人物画衣服褶纹表现程式。曹仲达擅画人物、肖像、佛教图像，尤精于外国佛像。所画人物以稠密的细线绘制衣纹，表现衣服紧窄贴身的效果，似刚从水中出来，人称“曹衣出水”。

人物档案

顾恺之（约 345—409），字长康，小字虎头，晋陵无锡（今属江苏）人，东晋画家。博学多才，擅诗赋、书法，尤精绘画。擅长人物肖像、佛像、禽兽、山水等。与曹不兴、陆探微、张僧繇合称“六朝四大家”。传世作品有《女史箴图》《洛神赋图》等。

五、隋唐五代绘画

隋唐时期，经济繁荣，文化昌盛，绘画有了更充分的发展。

隋朝统一全国，促进了南北绘画风格的融合，此时涌现出展子虔、董伯仁等一批具有承上启下作用的画家。

到了唐代，中国绘画走向成熟时期。宫廷、陵墓、寺庙和石窟寺的壁画仍是这个时期绘画的重要组成部分，但题材更为广泛，也更为世俗化，具有强烈的生活气息。卷轴画广泛兴起，绘画已经开始从宫廷、寺庙中走出来，成为文人士大夫抒情写意的主要工具。

这一时期，山水画、花鸟画逐渐成熟并成为独立的画科，人物、山水、花鸟三科都取得了突出成就。唐代人物画在前代发展的基础上，表现技法和题材内容都取得了长足的进步，突破了人物画多表现烈女、圣贤、道释人物的局限，肖像、仕女画风靡一时，亦有许多反映社会生活的作品，总体上呈现出瑰丽精湛的风格；代表作品有阎立本《历代帝王图》《步辇图》，张萱《虢国夫人游春图》《捣练图》，周昉《簪花仕女图》，吴道子《天王送子图》等。山水画方面，李思训、李昭道父子的“青绿山水”成为初唐的代表风格；王维创造的水墨山水，使中国山水画进入一个新的纪元；其余一众山水画家亦各有创造。花鸟画在唐代开始成为专门的画科，涌现出薛稷、殷仲容、曹霸、韩幹、戴嵩等一批各有所长的花鸟画圣手，鞍马及杂画取得了很大发展。

［唐］阎立本《步辇图》

［唐］韩幹《照夜白图》

五代十国时期，中原动乱，南方相对安定，经济和文化继续发展兴盛。南唐、西蜀等国设立画院，吸引了不少绘画人才，促进了绘画艺术的发展。另一

［五代］顾闳中《韩熙载夜宴图》(局部)

方面，北方少数民族绘画活动也很频繁，出现了不少反映少数民族生活的作品和少数民族画家。这一时期山水画成就突出，水墨山水画日益成熟，以荆（荆浩）、关（关仝）、董（董源）、巨（巨然）为代表，前两者开创了险峻雄奇的北方山水画派，后两者开创了温雅柔润的南方山水画派。人物画方面，顾闳中《韩熙载夜宴图》、周文矩《宫中图》等作品成就尤高。花鸟画则形成了“黄家富贵”和“徐熙野逸”两种不同的派别和风格（也称“徐黄异体”）。

术语辞典

青绿山水：用矿物质石青、石绿作为主色的山水画。有大青绿、小青绿之分。前者多勾廓，少皴笔，着色浓重，装饰性强；后者是在水墨淡彩的基础上薄罩青绿。

吴带当风：唐代画家吴道子所创的人物画衣服褶纹表现程式。吴道子画人物，用笔圆转，衣纹飘逸流畅，具有迎风起舞的动势，成为与“曹衣出水”相对的样式，人称“吴带当风”。

人物档案

阎立本（约 601—673），雍州万年（今陕西西安）人，唐代画家。与其父阎毗、兄阎立德俱擅书画、工艺及建筑工程，驰名隋、唐间。作画擅人物、车马、台阁，笔力圆劲雄浑；尤精肖像，长于刻画人物性格。传世作品有《历代帝王图》（传）、《步辇图》等。

六、宋元绘画

宋朝建立后，长期的分裂割据局面结束，社会安定，经济发展，加之重文轻

［宋］赵佶《芙蓉锦鸡图》

武的国策，文化艺术高度繁荣。这一时期宫廷画家、文人画家、民间画家纷纷涌现，画风多样，题材广泛，技法不断创新。由于商业繁荣和城市文化空前活跃，绘画的服务对象有所扩大，较多地进入手工业、商业行列，面向大众百姓的纸画、扇面画、书画陈设、版画插图等创作日益繁荣。

画院创作的繁荣是宋代绘画的一大特色，特别是到了宋徽宗时期，由于其本人对书画的喜爱，画院发展达到鼎盛。院体画为迎合帝王宫廷需要，多以花鸟、山水、宫廷生活及宗教内容为题材，作画讲究法度，重视形神兼备，风格华丽细腻。

［宋］马远《踏歌图》（局部）

山水画在宋代走向全面成熟，名家辈出，风格多样，在构图章法、透视比例、色彩铺陈、山石皴法等方面，都得到了较大发展。北宋山水画主要继承五代的北方山水画派，多以全景式构图来表现北方山川林木，画风雄沉奇伟，代表人物有李成、范宽和郭熙。南宋四大家——李唐、刘松年、马远、夏圭开创水墨山水画刚健峻锐、水墨苍劲的新风格。由于社会中上层的审美趣味和装饰需求，宋代花鸟画创作极其活跃，各个方面皆发展成熟。五代黄徐二家富贵与野逸两种不同的画风继续发展成为宋初花鸟画的两大流派，“黄筌画派”因风格华丽，适合宫廷的富贵气氛和装饰口味，从而成为院体花鸟画的程式，影响了整个宋代花鸟画；崔白、吴元瑜、文同等人为花鸟画注入新的理念和技法，一改百余年墨守成规的花鸟画风。此外，宋代的宗教画、人物画、风俗画等亦有较大发展，产生了《清明上河图》这样的古代风俗画传奇巨作。

［宋］张择端《清明上河图》(局部)

元代绘画以文人画的兴盛为主要标志。元代统治者取消了画院制度，使得前代占据主体地位的画工画发展停滞；另一方面，这一时期的文人或备受冷遇，或自发抵抗，与政治较为疏离，而将较多精力投入文学艺术创作中，文人画因而成为主流。这一时期的文人画多以抒写胸中“逸气”为指归，以情结境，讲求笔墨，去除刻画之习，不重写实，而求以笔墨挥洒获得心灵释放。赵孟頫、高克恭、王若水等元初画坛大家多宗晋唐画风，笔意复古；钱选、王渊、王冕等花

［元］王渊《桃竹锦鸡图》

［元］黄公望《富春山居图》(局部)

鸟画成就尤高，其墨花墨禽画的创作为花鸟画带来变革；人物画突出者有王绎、王振鹏等；山水画以“元四家”，即黄公望、吴镇、倪瓒、王蒙为杰出代表，重笔墨，尚意趣，画中结合书法诗文。

人物档案

黄公望（1269—1354），字子久，号一峰、大痴道人等，常熟（今属江苏）人，元代画家。擅画山水，水墨、浅绛俱作，以草籀奇字法入画，气势雄秀，自成一家。与吴镇、倪瓒、王蒙合称“元四家”。传世作品有《富春山居图》《天池石壁图》等。

七、明清绘画

明清绘画在宋元传统的基础上继续发展演变，流派纷呈，各成体系；各个画科全面发展，表现手法有所创新。

明代初期以仿宋代画风为主，以戴进、吴伟为首的“浙派”画家，取法郭（熙）、李（唐），并参马（远）、夏（圭），笔墨苍劲，画风粗犷；以林良、吕纪为首的宫廷画家，分别以率意的水墨和精细的工笔呈现出花鸟画的不同风格。中期文人画复兴，以沈周、文徵明、唐寅、仇英等吴门各家为代表，继承元代水墨画法，注重诗、书、画、印之融合，笔墨秀逸清雅，多表现江南文人优雅闲适的生活情趣；花鸟画的笔法有较大突破，合称“青藤白阳”的徐渭与陈淳所创作的写意花鸟，潇洒随意，简率纵放。晚期松江、武林、云间等画派，各有不同的绘画主张与风格。

清代绘画延续着元、明以来的趋势，文人画日益占据画坛主流，山水画及水墨写意画的创作兴盛。清代早期，以王时敏、王鉴、王翚、王原祁为代表的“四王”画派占据画坛的主体地位，注重传统，追求笔墨和纯形象的表现；江南

［明］沈周《庐山高图》（局部）

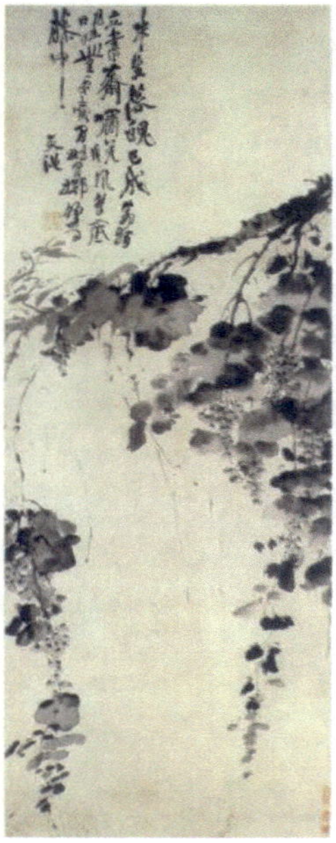

［明］徐渭《墨葡萄图》

则有以“清初四僧”（弘仁、髡残、八大山人、石涛）和“金陵八家”（龚贤、樊圻等八位活跃在南京画坛的画家）为代表的创新派，笔意豪放，突破陈法。中期，由于社会经济的繁荣和皇帝对于书画的爱好，宫廷绘画得到很好的发展，宫廷中的西洋画师将西洋画与中国画的技法融会贯通，多有佳作；同时，以“扬州八怪”（清乾隆间在江苏扬州卖画的几个代表画家的总称，包括黄慎、金农、郑燮等人）为代表的文人画派，挣脱正统，力主创新，形成适合商业需要的写意画风。晚清时期，传统绘画从民间美术和西洋美术中吸收养分，形成雅俗共赏的格局，上海的“海上画派”和广州的“岭南画派”逐渐成为影响最大的画派，涌现出大批画家和作品，影响了近现代的绘画创作。

［清］石涛《云山图》

此外，明清时期，便于传播的版画和年画得到了极大的发展，到晚清时，形成了众多的版画流派和年画生产中心。

[清]郎世宁《百骏图》(局部)

[清]吴昌硕《三秋》(局部)

人物档案

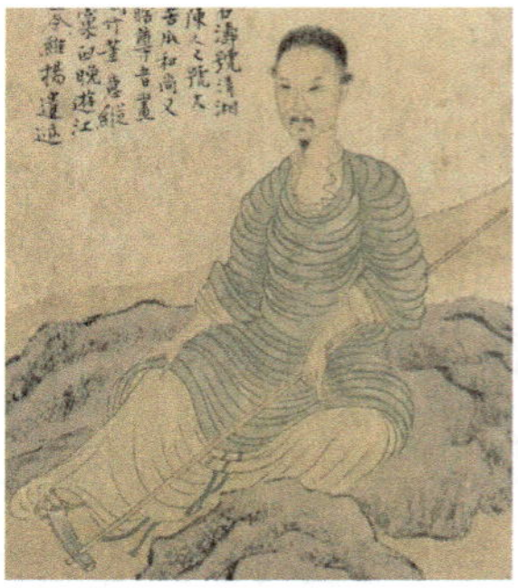

石涛(1641—约1718)，姓朱，名若极，本籍桂林(今属广西)，僧名原济，一作元济，号大涤子、苦瓜和尚等，清初画家。明靖江王朱赞仪十世孙，幼年遭变后出家为僧。擅山水，早年师法宋元诸家，画风疏秀明洁，晚年用笔纵肆，墨法淋漓，格法多变，尤精册页小品；花卉、人物亦独具风格。与弘仁、髡残、八大山人合称“清初四僧”。

拓展迁移

◎ 参观当地博物馆，欣赏馆中展出的中国古代绘画作品，感受丹青魅力。

◎ 选择你喜欢的一位中国古代画家，向同学们介绍其绘画风格和代表作品。

第四章 天文地理视野广

不断向外拓展视野是人类的本能追求，浩瀚苍穹，山川胜迹，无不召唤着人们追问探寻。天文地理的广阔空间里，遍布华夏文明的足迹。

第一节　中国古代历法

历法是天文学名词，是根据天象变化的自然规律来计量较长的时间间隔、判断气候的变化、预示季节来临的法则。中国古代历法历史悠久，内容丰富，除了年、月、日、节气等的安排外，还涵盖日食、月食的预报以及行星运行的推算等，取得了辉煌的成就。

一、中国古代历法的发展概况

我国的历法起源很早，传说在颛顼帝时代，已设立“火正”专司大火星的观测，以黄昏时分大火星正好从东方地平线上升起时作为一年的开始，是为观象授时的初期形态。《尚书・尧典》记载，尧帝时，人们通过观测鸟、火、虚、昴四颗恒星在黄昏时分正处于南中天的日子来划分一年四季。这是中国古代应用阴阳历的初始历法的最早记载。到殷商时期，人们所使用的阴阳历已经初具规模，一年的长度已大致用圭表测定，年有平年、闰年之分，月有大月、小月之分，岁首基本固定，季节和月名也有了基本固定的关系。春秋、战国之交，产生了一种古四分历，它的岁实是 365. 25 日，这是当时世界上所使用的最精密的数值。该历法规定 19 年 7 闰，十分精确地调整阴阳历。从战国至西汉早期，该历法不断充实和发展，奠定了中国古代历法的基础。此后历代历法家不断观测、推算以改进历法，中国古代历法的发展主要经历了四次重大改革。

汉武帝太初元年（前 104）施行邓平、落下闳等人创制的《太初历》，它是中国历史上第一部比较完整的历法。它规定历年等于 $365\frac{385}{1539}$天，历月等于 $29\frac{43}{81}$天；以正月为岁首，以没有中气（从冬至起，太阳黄经每增加 $30°$为另一个中气，即冬至、大寒、雨水……）的月份为闰月；首次将二十四节气增入历法，首次计算了日月交食的发生周期。《太初历》的创制与施行是中国古代历法史上第一次大改革。

南北朝时期，祖冲之创制了《大明历》，其在制历时首先考虑岁差，是我国历法史上第二次大改革。《大明历》采用 391 年 144 闰的新闰周，比古历的 19 年 7 闰更为精密；其推算的回归年日数为 365.242 81 日（今测值 365.242 20 日），交点月日数为 27.212 23 日（今测值 27.212 22 日），这些数值与今测值很相近。

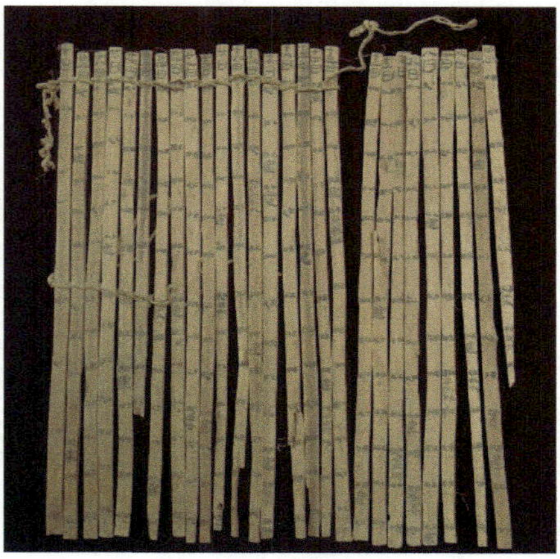

敦煌清水沟遗址发现的《太初历》汉简

中国历法史上第三次大改革是唐初《戊寅元历》的创制，其最大的特点是废除平朔，采用定朔。在此之前，历法都用平朔，即用日月相合周期的平均数值来定朔望月，而《戊寅元历》则采用定朔，即用日月相合的真实时刻来定朔望日，从而定朔望月。但《戊寅元历》定朔的有关计算方法存在问题，到其后的《麟德历》才得到改进。

王恂、郭守敬创制的天体坐标测量仪器——简仪（图为复制品）

元代时，郭守敬和王恂、许衡等创制了《授时历》。他们经过推算，确认此前诸历法中南宋杨忠辅创制的《统天历》所规定的历年为 365.242 5 日是最为精密的数值，现今世界通用的格里历也是这个数值，但它比《统天历》和《授时历》晚 300 年。《授时历》还大胆废弃了沿用已久的上元积年（古代历法中推算历法起点的方法）以及用分数表示天文数据的千年旧习，将历中所有数据改为小数；改进计算方法，其所测定的黄赤大距等十分接近近代天体力学公式的计算值。《授时历》的施行是中国历法史上第四次大改革。明代《大统历》与《授时历》基本相同，故而《授时历》的实际沿用时间达 360 年，是中国古代使用时间最长，也是最精确的历法。

清代时，西洋历法传入并施行，加之近现代天文学的兴起，传统历法的发展停滞。然而，中国古代历法在世界天文学史上仍占有重要地位，其为古代人们的生产生活作出了巨大贡献。

人物档案

郭守敬(1231—1316)，字若思，顺德邢台(今属河北)人，元代天文学家、水利学家和数学家。在天文学方面，与王恂、许衡等创制《授时历》，成为当时世界上最先进的一种历法，沿用达360年；发明和改制简仪、高表等多种天文学仪器。在水利工程方面，主持修治元大都至通州的运河等工程。在数学方面，与王恂创立招差术、弧矢割圆术。1970年，国际天文学会将月球上的一座环形山命名为“郭守敬环形山”。1977年，国际小行星中心将小行星2012命名为“郭守敬小行星”。

二、中国古代历法相关常识

1. 日、月、年、岁。

在中国古代历法中，昼夜交替的周期为“日”，月相变化的周期为“月”。“年”和“岁”的概念有区别：“年”指从正月初一到下次正月初一的这段时间，平年有十二个月，闰年有十三个月；“岁”指从冬至到下次冬至的这段时间，即现代天文学所谓回归年或太阳年。

2. 天干、地支。

在中国古代历法中，甲、乙、丙、丁、戊、己、庚、辛、壬、癸叫作“十天干”，子、丑、寅、卯、辰、巳、午、未、申、酉、戌、亥叫作“十二地支”。天干与地支按固定的顺序循环相配，形成甲子、乙丑、丙寅、丁卯……60个组合，称为“六十甲子”，可以用于纪年、纪月、纪日、纪时。

3. 四时、五更。

"四时"指春、夏、秋、冬四季。农历以正月、二月、三月为春季，称孟春、仲春、季春；以四月、五月、六月为夏季，称孟夏、仲夏、季夏；秋季、冬季以此类推。

古人把夜晚分成五个时段，击鼓打更报时，称为"五更""五鼓""五夜"。每更为一个时辰，即现今的两个小时。一更（甲夜）在戌时，称黄昏；二更（乙夜）在亥时，称人定；三更（丙夜）在子时，称夜半或子夜；四更（丁夜）在丑时，称鸡鸣；五更（戊夜）在寅时，称平旦或黎明。

4. 阴历、阳历、阴阳历。

根据月相圆缺变化的周期（即朔望月）制订的历法叫阴历。根据地球围绕太阳的运转周期（即回归年）制订的历法叫阳历。兼有阴历和阳历的性质的历法叫阴阳历。我国古代的历法基本都是以朔望月作为月的单位，但又使用了二十四节气和设置闰月的办法，使历年的平均长度等于回归年，因而是一种兼顾阴历和阳历的阴阳历。

5. 闰日、闰月、闰年。

置闰是历法中一个非常重要的问题。历法依据太阳、月亮和地球的运行形成年、月、日三个主要要素，而这三个要素之间却不是一个简单的整数关系，都会多出一个余数。安排好一年中多出来的余数，以符合天体运行的规律，方便人们的生产和生活，这就是置闰。

阳历或阴历逢闰年所增加的 1 日称为"闰日"。例如，阳历的平年只有 365 日，与回归年比较，每年相差 5 时 48 分 46 秒，所以每四年积成 1 日，加于 2 月成 29 日，这一天称为"闰日"。

阴阳历的历年有 12 个历月和 13 个历月之分，因其平均历年（回归年）长于 12 个月而短于 13 个月。在 13 个历月的历年中，有一个非正规的历月，称"闰月"。我国传统历法曾经长期把没有中气的历月作为闰月，闰月接在某月之后，就叫"闰某月"，如紧接在六月之后的闰月，叫"闰六月"。

阳历和阴历中有闰日的年份，或阴阳历中有闰月的年份，称为"闰年"。

三、中国古代历法的纪时系统

1. 纪年法。

（1）帝王纪年法。

我国古代最早的纪年法是帝王纪年法，即以帝王即位之年为元年，接着依次为二年、三年、四年……直到旧君出位为止，新帝王即位的当年或次年改元。例如，公元前 782 年为周宣王四十六年，公元前 781 年周幽王即位，即为周幽王元年。汉武帝开始用年号纪年，年号更换则重新从元年开始纪年。例如，公元前 123 年为元朔六年，公元前 122 年改年号为“元狩”，即为元狩元年。

（2）岁星纪年法。

我国古代还根据木星的运行来纪年，木星古称“岁星”，因而这种纪年方法称为岁星纪年法。它是把黄道附近一周天分为十二等份，称为十二次，认为木星每十二年由西向东绕天一周，每年行经一个星次，于是就以木星每年所在星次纪年。

（3）太岁纪年法。

太岁纪年法是为纠正岁星纪年超次不准而产生的一种纪年方法。木星运行周期不是整十二年，而是略小于这一数值，因而用其实际位置来纪年并不准确。于是人们就设想了一个理想的天体“太岁”，与木星运行方向相反，从东到西，速度均匀地十二年一周天，仍利用分周天赤道带十二等份的方法，将地平圈分为十二等份，只是与岁星纪年的十二次方向相反，称为十二辰，从而以太岁所在的辰来纪年。

（4）干支纪年法。

天干与地支相配组合成六十甲子，干支排列的顺序是固定的，组合成的六十甲子的位置也不能颠倒，以之记录时间，就可以知道先后次序。这种方法最初是用来纪日的，殷商时就已实行。我国用干支纪年的最早记载见于《淮南子・天文训》，但西汉时这种方法尚未通行。自东汉起，干支纪年法普遍通行，直到现在农历中仍使用这种方法。

（5）十二生肖纪年法。

古代民间还广泛使用十二生肖纪年法。十二生肖纪年法是干支纪年法的变体，人们略去天干成分，用十二种动物表示十二地支来记录年份。这种方法形象易记，沿用至今。

唐代彩绘十二生肖陶俑

2. 纪月法。

（1）数序纪月法。

我国古代纪月最常用的方法是以数序为纪，如一月、二月、三月等。一年的首月叫正月，末月叫腊月。先秦时期，每个月份都有特定的称呼，如正月称为孟陬，四月称为余月，十月称为阳月，等等。

（2）十二支月建。

古代还有“月建”的观念，就是把十二地支与十二月份相配，由所配地支称月份为“建某之月”，如夏历的十一月配子，就称为“建子之月”，由此顺推，就可以记录月份。

3. 纪日法。

（1）干支纪日法。

我国古代用干支纪日的历史最为久远，早在殷商甲骨卜辞中就已有干支纪日的记载。干支纪日是以天干和地支相配的六十甲子为六十个单位，每个单位代表一天。古人使用干支纪日法时，有时只纪天干或者只纪地支。

（2）月相纪日法。

古人还利用月亮的圆缺变化来纪日，每月的第一天叫朔，第三天叫朏，大月十六、小月十五叫望，望后一日叫既望，每月最后一日叫晦。朔、晦这两天一般既纪干支又标明朔、晦，其他日子一般只纪干支，知道了朔、晦的干支就可以推算出其他只纪干支的日子是这个月的第几天。

（3）数序纪日法。

除了干支纪日法、月相纪日法之外，中国古代还有数序纪日法。现存最早的中国古代数序纪日法资料是山东临沂出土的西汉元光元年（前 134）的历谱竹简。这份历谱在三十根竹简顶上分别标注了从一到三十的数字，这是每月内各个日子的序数，每根竹简下面写着各个月中这个日子的干支日名。数序纪日法简便易用，在古代民间使用较为普遍，而官方仍主要采用干支纪日法。

4. 纪时法。

古代测时工具——日晷

我国古代纪时主要根据天色把一昼夜分为若干时段，叫“时辰”“时分”。有的把一昼夜分为十个时段，昼分朝、禺、中、晡、夕；夜分甲、乙、丙、丁、戊，即一更、二更、三更、四更、五更。还有分为十二个、十五个时段甚至更多的。从汉武帝太初改历以后，历法更加精密，人们把时辰整理为十二段，名为夜半、鸡鸣、平旦、日出、食时、隅中、日中、日昳、晡时、日入、黄昏、人定，又用十二地支对应表示，以夜半（二十三点至一点）为子时，鸡鸣（一点至三点）为丑时，以此类推。到了唐宋时期，又把每个时辰分为初、正两部分，这样一昼夜就是二十四个小时，与现在的二十四小时制一致。

古代还有比小时更小的纪时单位——刻。最初一昼夜分为一百刻，后来又改为一百二十刻、一百零八刻和九十六刻。清代定为九十六刻，与十二时辰相配，一个时辰两小时，一个小时四刻，一刻十五分钟，一直沿用到现在。

拓展迁移

◎ 查阅资料，进一步了解落下闳、祖冲之、郭守敬等中国古代历法家观象授时、制订历法的功绩。

◎ 了解世界史上所使用过的其他历法，比较其与同时代中国古代历法的异同。

第二节 世界遗产览胜

世界遗产是指被联合国教科文组织和世界遗产委员会确认的人类罕见的、无法替代的财富，是全人类公认的具有突出意义和普遍价值的文物古迹及自然景观。世界遗产包括世界文化遗产、世界自然遗产、世界文化与自然双重遗产三类。其中世界文化遗产是指从历史、艺术或科学角度看，在世界范围内公认的，具有突出的普遍价值的建筑群、人类工程和考古遗迹等，包括文化景观。中华文明源远流长，留下了丰富的文化宝藏。截至 2022 年底，中国拥有世界文化遗产 38 项，另外还有世界文化与自然双重遗产 4 项。让我们一起领略华夏大地上的世界文化遗产的独特魅力吧！

一、中原古县城的杰出范例——平遥古城

1. 遗产名片。

中文名称：平遥古城

英文名称：The Ancient City of Pingyao

列入时间：1997 年 12 月

遗产种类：文化遗产

世界遗产委员会评价：

平遥古城是中国境内保存最为完整的一座古代县城，是中国汉民族城市在明清时期的杰出范例，在中国历史的发展中，为人们展示了一幅非同寻常的文化、社会、经济及宗教发展的完整画卷。

2. 遗产概况。

平遥隶属于山西省晋中市，位于山西省中部，是一座历史悠久的文化名城，始建于西周时期。据史料记载，周宣王派大将尹吉甫北击入侵的游牧部落

时，大军曾驻扎于此并建造了防御性质的素土城墙，后来这里就逐渐形成了一座小城。明朝初期，平遥作为军事重镇得以扩建，旧墙垣改建为砖墙。此后历代进行过数次补修，更新城楼，增设敌台。康熙四十三年（1704），因皇帝西巡行经平遥，又修筑了四面大城楼，使古城更加雄伟壮观。

平遥古城是国内现存最完整地保持明清时期历史风貌的古县城。整座城是由城墙、街道、民居、店铺、庙宇等组成的一个庞大的古文物建筑群，这些建筑依旧保持着数百年前的形态，积淀着深厚的历史文化底蕴。

1986 年，平遥古城被国务院公布为国家级历史文化名城。1997 年，平遥古城被列入世界文化遗产名录。

3. 遗产价值。

作为明清时期中原古县城的杰出范例，平遥古城在设计布局、建筑风格、商业文化等方面都具有独特的观赏、研究和保护价值。

（1）设计布局。

平遥古城是一座完全按照礼制规范和传统文化观念设计布局的城市。整座城市设计严谨，布局周正，以古城最高建筑市楼为轴心，以南大街为轴线，形成对称布局。大型公共建筑分列左右：左边有城隍庙、文庙、道观，右边有县衙、关帝庙、佛寺，颇有《周礼》“左祖右社、前朝后市”的礼序遗风。城内的交通脉络由纵横交错的四大街、八小街、七十二条蚰蜒巷构成。四大街分别以东西南北四个方向命名，八小街与七十二条蚰蜒巷的名称各有由来，有的得名于附近的建筑，如书院街、文庙街等，有的得名于当地的大户，如郭家巷、范家街等。街巷横竖交织，排列有致，民居、店铺等整齐排布其间，井然有序。

有趣的是，平遥又有“龟城”之称。倘若鸟瞰平遥古城，整座城墙平面呈方形，六座城门南北各一，东西各二，门外筑瓮城，形似乌龟，城内街道的布局则如同龟背的纹路。上西门、下西门、上东门的外城门均向南开，形似龟爪前伸，唯有下东门的外城门径直向东开，据说是人们造城时为防“乌龟”爬走，将其“左腿”拉直，拴在城东约 8 千米处的麓台塔上。

(2) 建筑风格。

平遥古城素有“中国古建筑的荟萃和宝库”之称，其城墙、市楼、民居、寺观等皆是珍贵的建筑文物遗存。

平遥古城墙设计与施工精心，防御设施齐全，气势磅礴，雄伟壮观，是中国古代城墙建筑的杰出作品。城墙周长约 6 千米，墙身素土夯实，外表用砖石包裹。城墙四角各建角楼，墙上有垛口 3 000 个、敌楼 72 座，据说是取孔子 3 000 弟子、72 贤人之数。城门外建有圆弧形直立而起与城墙等高的小城，迎面是完整的墙体，门开在侧面，这便是“瓮城”。瓮城为城门多加了一道防护屏障，且其内部狭窄，易守难攻，增强了城墙的防御能力。

平遥市楼

市楼是平遥古城的标志性建筑，位于城中央，始建年代不详，康熙二十七年(1688)重修。该楼为砖木结构的多层过街楼式方形古建筑，坐北朝南，面宽和进深各三间；楼顶为三重檐歇山顶，黄绿彩色琉璃瓦铺盖，且琉璃瓦的花纹南成“囍”字，北成“寿”字。整座楼造型挺秀高耸，庄重和谐，体现了清代木构建筑的高超工艺。

平遥古城内保存着近 4 000 处明清民居，这些居民呈现着中国北方传统民居建筑的风格和特点，是汉族地区保存最完整的古代民居群落。民居以四合院为主，有明显的轴线，左右对称，主次分明，沿中轴方向由几套院组成，多为二进院和三进院，一些大家族会修建更大的院落。院落形状多窄长，空间紧凑，高门深宅，外观封闭，院落之间多用矮墙和装饰华丽的垂花门分隔。在房屋建造上，人们巧妙地将砖拱窑洞与木构瓦房有机结合，冬暖夏凉，能避风沙，又具有装饰美感。房脊多在房屋后墙，呈单坡内落水，体现当地

平遥民居

“雨水为财”“财水不外流”的传统观念。将房屋建成单坡能增加外墙的高度，加之临街不开窗户，能够有效抵御风沙并保证院落安全。民居多饰有精巧的木雕、砖雕和石雕，配以乡土气息浓郁的剪纸窗花，使得整体建筑风格外刚内柔、外雄内秀。

（3）商业文化。

平遥是中国古代著名的商帮“晋商”的发源地之一，商业文化是构成平遥古城整体文化价值的一个独特而重要的组成部分。城中店铺林立，行业众多，市肆繁华，商贾云集，这些都是明清商业古街的真实遗存。产生于清代、专营钱钞汇兑业务的现代银行雏形机构——票号，是平遥古城商业文化最闪亮的一张名片。清道光初年，晋商知名票号“日升昌”在平遥诞生。随后，“日升昌”在中国很多省份先后设立分支机构。19 世纪 40 年代，它的业务更进一步扩展到海外不少国家。当时，在“日升昌”票号的带动下，平遥的票号业发展迅猛，一度成为中国金融业的中心。如今，“日升昌”票号的旧址已被改建为中国票号博物馆，讲述着古城的商业文化。

4. 相关文学作品欣赏。

宿平遥集福寺

［金］刘　涛

院僻和僧静，门闲与昼长。
燕泥朝雨淖，蝶蕊晚风香。
野兴煎诗思，干愁绕客肠。
青奴如解事，供我暮窗凉。

平　遥　道　中

［清］程康庄

麓台方历尽，汾水又撑篙。
生计何时得，萍踪到处遭。
唐尧封有树，吉甫墓徒蒿。
俯仰观身世，床头醉浊醪。

二、东方造园艺术典范——苏州古典园林

1. 遗产名片。

中文名称：苏州古典园林

英文名称：The Classic Gardens of Suzhou

列入时间：1997 年 12 月（拙政园、留园、网师园、环秀山庄），2000 年 11 月（沧浪亭、狮子林、艺圃、耦园、退思园）

遗产种类：文化遗产

世界遗产委员会评价：

没有哪些园林比历史名城苏州的四大园林更能体现出中国古典园林设计的理想品质。咫尺之内再造乾坤，苏州园林被公认是实现这一设计思想的典范。这些建造于 11 至 19 世纪的园林，以其精雕细琢的设计，折射出中国文化中取法自然而又超越自然的深邃意境。

2. 遗产概况。

苏州古典园林是指中国苏州城内的园林建筑，以私家园林为主。苏州地区山明水秀，气候湿润，经济富庶，文化发达，营造园林的自然和人文条件适宜。早在春秋时期，吴王阖闾、夫差就曾在城内外兴建富丽的宫苑，是为第宅园林的雏形。其后，晋代的顾辟疆园，五代吴越国的广陵王金谷园，北宋的五亩园、沧浪亭、乐圃、绿水园，南宋的万卷堂，元代的狮子林等，均是很有名气的园林。明清时期，苏州园林达到鼎盛。据记载，到清末苏州有各色园林 170 多处，堪称全国园林数量之最。苏州园林建造者运用别具匠心的造园手法，在城市住宅旁的有限空间里，叠山理水，栽植花木，配置园林建筑，装饰以匾额、楹联、书画、雕刻、碑石、家具陈设等，营造出充满自然美、人文美、建筑美的写意山水园林，带给人们无穷的美的享受。这些园林作品反映了古典哲理观念、文

化意识和审美情趣，是中国传统文化的一个载体。

3. 遗产价值。

苏州古典园林是山水花木、建筑陈设、诗文书画等精妙组合的艺术综合体，造园艺术和历史文化内涵是其最突出的两方面价值。

（1）造园艺术。

苏州古典园林多建造于人口密集的城市之地，占地面积不大，造园者在有限的地域空间里，巧妙地运用各种高超的造园艺术手法，精心布设，细致雕琢，将园林之美演绎到极致。在景观安排方面，曲折含蓄、移步换景，避免全盘托出、一览无余；人工开凿的山石水池等景物，务求天然之趣，建筑物与周围景物相宜相融，花木景观的配置具有连续性；巧妙运用对比、衬托、对景、借景、层次配合和小中见大、以少胜多等技巧和手法，使得景观具有层次感和深度，变换无穷；广泛运用文学的典故、修辞手法和形象语言对园林景点进行命名、题联等，如“看松读画轩”“雪香云蔚亭”“荷风四面亭”“濠濮亭”，将实景引入艺术意境，从有形到无形，使得景观意蕴无穷，品味不尽。

网师园一角

拙政园借景北寺塔

（2）历史文化内涵。

苏州古典园林不仅是高超造园艺术的产物，同时也是中国传统思想文化的载体。历代园林之主多为文人士大夫，他们以自身独特的审美情趣和情怀态度造园，使得园林尽染浓厚的文人色彩。苏州古典园林中的景点命名、匾额、楹联、书条石、雕刻，以及花木寓意、叠石寄情等，不仅是点缀园林的精美艺术品，同时还涉及传统的思想观念、文学艺术等多个方面，具有极其丰富的历史文化内涵。此外，苏州古典园林作为宅园合一的第宅园林，其建筑规制又反映了中国古代江南民间的生活方式和礼仪习俗，是了解和研究中国古代江南民俗的实物资料。

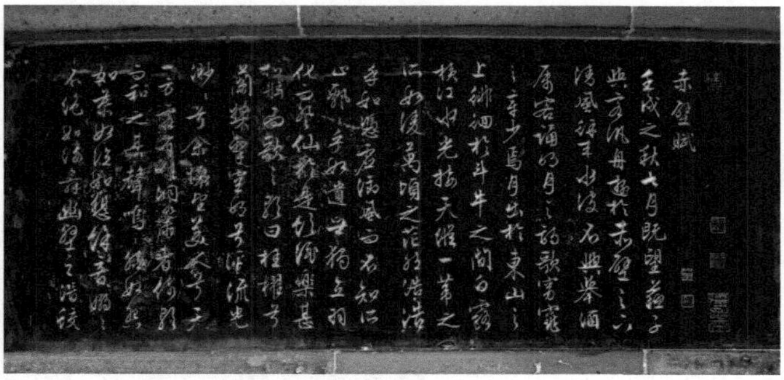

环秀山庄的书法砖刻

4. 相关文学作品欣赏。

水调歌头·沧浪亭

［宋］苏舜钦

潇洒太湖岸，淡伫洞庭山。鱼龙隐处，烟雾深锁渺弥间。方念陶朱张翰，忽有扁舟急桨，撇浪载鲈还。落日暴风雨，归路绕汀湾。

丈夫志，当景盛，耻疏闲。壮年何事憔悴，华发改朱颜？拟借寒潭垂钓，又恐鸥鸟相猜，不肯傍青纶。刺棹穿芦荻，无语看波澜。

狮子林即景

［元］释惟则

鸟啼花落屋西东，柏子烟青芋火红。

人道我居城市里，我疑身在万山中。

《拙政园三十一景》题诗·若墅堂

［明］文徵明

会心何必在郊坰，近圃分明见远情。

流水断桥春草色，槿篱茅屋午鸡声。

绝怜人境无车马，信有山林在市城。

不负昔贤高隐地，手携书卷课童耕。

三、天人合一的美学至境——杭州西湖文化景观

1. 遗产名片。

中文名称：杭州西湖文化景观

英文名称：West Lake Cultural Landscape of Hangzhou

列入时间：2011 年 6 月

遗产种类：文化遗产

世界遗产委员会评价：

自公元 9 世纪以来，西湖的湖光山色引得无数文人骚客、艺术大师吟咏兴叹、泼墨挥毫。景区内遍布庙宇、亭台、宝塔、园林，其间点缀着奇花异木、岸堤岛屿，为江南的杭州城增添了无限美景。数百年来，西湖景区对中国其他地区乃至日本和韩国的园林设计都产生了影响，在景观营造的文化传统中，西湖是对“天人合一”这一理想境界的最佳阐释。

2. 遗产概况。

西湖位于浙江省杭州市，汉时称明圣湖，唐时因湖在城西，始称西湖。西湖周长约 15 千米，水域面积约 6.5 平方千米，被孤山、白堤、苏堤、杨公堤分隔为外西湖、里西湖、后西湖、小南湖及岳湖，湖中有小瀛洲、湖心亭、阮公墩三个小岛，夕照山的雷峰塔与宝石山的保俶塔隔湖相映，由此形成了“一山、二塔、三岛、三堤、五湖”的基本格局。

西湖文化景观始建于 9 世纪，13 世纪基本成形，一直传承发展到现在。“杭州西湖文化景观”遗产区包含秀美的自然山水，独特的“两堤三岛”和“三面云山一面城”的景观整体格局，还有系列题名景观“西湖十景”和多处内涵丰富的相关重要文化遗存以及历史悠久的西湖龙井茶园等。西湖是目前中国唯一一处湖泊类世界文化遗产，具有独特的地位和价值。

3. 遗产价值。

(1) 景观设计美学。

杭州西湖文化景观最核心的价值在于，它是中国历代文化精英秉承“天人合一”“寄情山水”的中国山水美学理论所创造的景观设计典范。西湖的山水与堤岛共同构成疏密有致、圆融和谐的景观格局，系列题名景观“西湖十景”和众多文化史迹恰到好处地分布其间，自然景观和人文景观交相辉映，完美合一。

“西湖十景”是创始于南宋，并持续演变至今的10个命名富有诗意的系列景观单元：苏堤春晓、曲院风荷、平湖秋月、断桥残雪、花港观鱼、柳浪闻莺、三潭印月、双峰插云、雷峰夕照、南屏晚钟。它们分布于西湖水域及其周边地带，以世代传衍的特定观赏场所和视域范围，或依托于文物古迹，或借助于自然风光，呈现出系列型的观赏主题和情感关联。其景观涉及春夏秋冬、晨晌昏夜、晴雾风雪、花鸟虫鱼等有关季节、时节、气象、动植物的景观特色，以及堤、岛、桥、亭、台、楼、阁、园林、宅院、寺塔等较为丰富的景观元素，并各有侧重地表现出不同的审美意境。“西湖十景”是中国山水美学景观设计传统“题名景观”留存至今的最经典、最完整、最具影响力的作品，反映了中国古代文化艺术中诗、画、景在审美和哲学层面上的有机结合，体现了人与自然的融合。

[清]王原祁《西湖十景图卷》局部

(2) 历史文化底蕴。

杭州西湖文化景观在上千年的持续演变过程中，由于政治、历史、区位的

舞鹤赋刻石

原因，更因其特有的吸引力和文化魅力，融汇和吸附了中国传统儒释道文化的各类史迹，在现存上百处文化史迹中最具代表性的有雷峰塔遗址、六和塔、净慈寺、灵隐寺、飞来峰造像、岳飞墓（庙）、文澜阁、抱朴道院、钱塘门遗址、清行宫遗址、舞鹤赋刻石、林逋墓、西泠印社等。它们分布于湖畔周围与群山之中，承载了丰富深厚的文化与传统，成为杭州西湖文化景观作为“文化名湖”的支撑要素。

此外，历代文人士大夫或居于湖畔，或探访游览，寄情于西湖山水，将西湖文化景观作为自己的“精神家园”，留下了大量的事迹典故和诗文丹青。这些都积淀成西湖丰厚的历史文化底蕴，使其增添了无限的文化魅力。

4. **相关文学作品欣赏**。

春题湖上

［唐］白居易

湖上春来似画图，乱峰围绕水平铺。
松排山面千重翠，月点波心一颗珠。
碧毯线头抽早稻，青罗裙带展新蒲。
未能抛得杭州去，一半勾留是此湖。

饮湖上初晴后雨二首（其二）

［宋］苏　轼

水光潋滟晴方好，山色空蒙雨亦奇。
欲把西湖比西子，淡妆浓抹总相宜。

晓出净慈寺送林子方

［宋］杨万里

毕竟西湖六月中，风光不与四时同。

接天莲叶无穷碧，映日荷花别样红。

采 桑 子

［宋］欧阳修

天容水色西湖好，云物俱鲜。鸥鹭闲眠。应惯寻常听管弦。

风清月白偏宜夜，一片琼田。谁羡骖鸾。人在舟中便是仙。

拓展迁移

◎ 查阅资料，了解我国还有哪些世界文化遗产，选择其中你感兴趣的，仿照本节的示例，制作几张世界文化遗产名片。

◎ 选择你感兴趣的一处世界文化遗产，尝试写一段导游词。

第五章
科学技艺显匠心

科学技术和工程技艺对人类社会进步起着巨大作用，也是衡量一个文明发达程度的重要指标。一起来探究中华文明的科学技艺成就，传承前人的求索、创造和匠心精神。

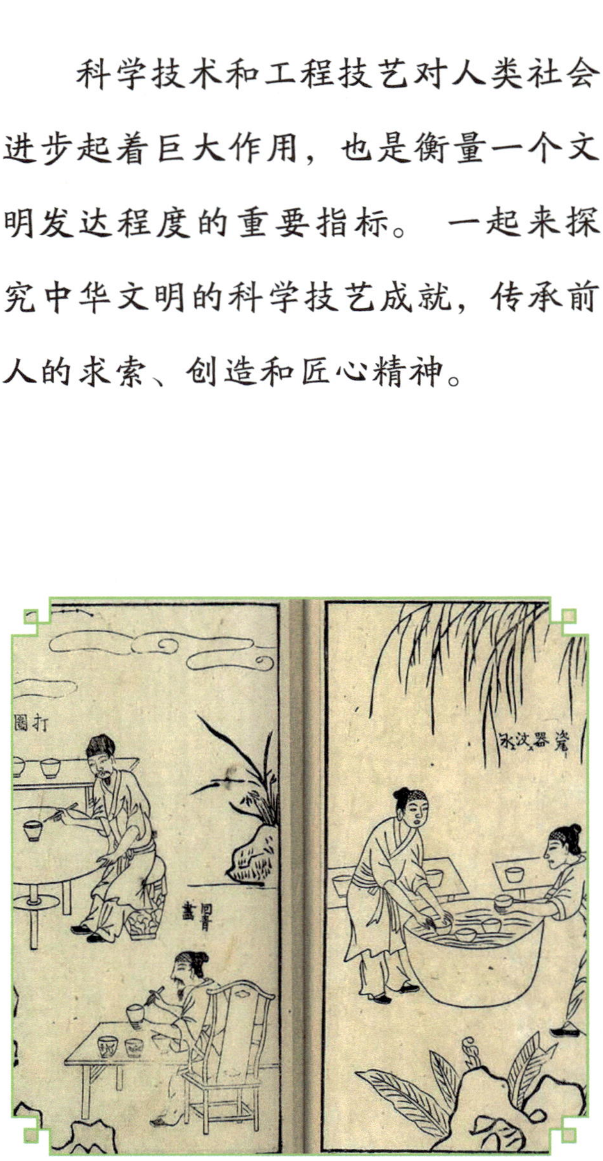

第一节 中国古代瓷器

瓷器是瓷土经高温(1 200℃以上)烧制而成的器物,外表一般施有玻璃质釉或彩绘。其特点是坯体洁白、细密,音响清脆,断面具不吸水性。瓷器的前身是陶器,世界各大古文明皆有陶器的制作和使用,但只有中国古代先民在制陶过程中发明了瓷器。瓷器轻便美观,实用功能和审美功能兼具,方便和装点了中国古人的日常生活,也成为中华文明的一张闪亮的名片。

一、中国古代瓷器的发展概况

1. 东汉晚期以前的原始瓷器。

早在3 000多年前的商代,我国先民就在烧制陶器的长期实践中成功创制出了原始瓷器。这些原始瓷器以瓷土为原料,烧制温度在1 200℃以上,且器表施釉,已不属于陶器的范畴,而具备了瓷器的基本特征。不过,此时瓷器工艺简单,表面粗糙欠规整,胎体中杂质较多;釉面呈色不够稳定,厚薄多不均匀,流釉现象严重。这些都表明原始瓷器是陶器向瓷器过渡的产物,离近代瓷器的标准仍有较大差距,还不能算是真正成熟的瓷器。由于具有光洁美观、不易污染、抗腐蚀等优点,原始瓷器诞生后受到人们的喜爱,遂得以发展。在春秋战国时期的江南地区,原始瓷器的烧制进入鼎盛时期,产品在各方面已较为接近近代瓷器。然而,到了战国后期,由于战争原因,原始青瓷工艺一度中断,直到秦汉时期才有所恢复。与春秋战国相比,秦代和汉代前期的瓷器生产有所退步,产品胎色较深,胎质疏松,

商代青釉瓷尊

战国青釉提梁盉

吸水性较强。

原始瓷器的造型和装饰大多模仿青铜礼器，主要为尊、罍、壶、鼎、豆、罐等盛器，也有编钟、句鑃、錞于等器型。

术语辞典

瓷土：一种以高岭石为主要矿物成分的黏土，由云母和长石变质，其中的钠、钾、钙、铁等流失，加上水变化而成，是陶瓷工业的重要原料。

釉：覆盖在陶瓷制品表面的连续玻璃质薄层，是用长石、石英等为原料，经过研磨制成釉浆，施于坯体表面，经一定温度煅烧而成。能增加制品的机械强度、热稳定性和电介强度，防止液体和气体的侵蚀，还能起到装饰美化的作用。

东汉青瓷扁壶

2. 东汉晚期至魏晋南北朝的瓷器。

到了东汉晚期，炉窑大有改进，使炉温提高，同时配合原料提炼、素胎制作、施釉技法等瓷艺方面的不断进步和完善，瓷器生产发生飞跃，完成了由原始瓷器向成熟瓷器的过渡。根据考古发现，这一时期已经能生产出烧成温度高达 1 300℃、瓷胎烧结良好、胎釉结合紧密、釉面淡雅清澈、透明而有光泽的青瓷器，这些都是瓷器成熟的标志。

魏晋南北朝是一个大分裂、大动荡的时期，手工业的发展也受到了战争的影响，南北制瓷业的发展极不平衡。在相对安定的南方地区，制瓷业得到了良好的发展，工匠们对胎釉原料的选用、成型、施釉方法及炉窑结构等方面进行了改进和革新。当时的南方制瓷业以浙江的早期越窑为中心，继承并发展了东汉青瓷的成就，烧制出一些青瓷精品，遂有“六朝青瓷”之称。北方则由于持续的战乱，瓷器生产一度停顿，到北魏时期才得以复兴；北朝晚期烧制出比较进步的白瓷，白瓷技术的成功是中国瓷器史上的一个里程碑，其为制瓷业开辟

西晋青瓷胡人骑狮水柱

北齐白釉绿彩长颈瓶

了一条广阔的道路，后世色彩缤纷的彩瓷的创制皆以白瓷为基础。

这一时期，瓷制品的种类丰富多样，包括日用器、陈设器、文房用具、明器等，瓷器逐渐渗透进人们的日常生活。人物和动物造型是该阶段瓷器的一大特色，凸显出精湛的雕塑技艺。此外，民族的融合和佛教的盛行对瓷器的造型、装饰等产生了重要影响，使得瓷器艺术风格多样化。

术语辞典

青瓷：中国传统瓷器品种。在坯体上施以用铁作为着色剂的青绿色釉，在还原焰中烧制而成。

白瓷：中国传统瓷器品种。釉料中没有或只有极微量的着色剂，生坯挂釉，入窑经过高温火焰烧成，颜色素白。

3. 隋唐五代瓷器。

隋代白瓷鸡首壶

隋唐五代时期，瓷器手工业进入全面发展时期，制瓷工艺基本成熟。

隋代瓷器生产区域不断扩大，原先南方地区的制瓷业继续发展，同时北方制瓷业迅速崛起，在黄河南北出现了不少重要窑场。白瓷的增多和发展是隋代瓷器的一个重要特征，此时的白瓷胎质较白，釉面光润，呈色更加稳定，其为唐代白瓷器的盛行奠定了基础。

唐代是我国陶瓷工艺蓬勃发展的时期，瓷器的制作与使用更为普及，品种与造型也更加多样新颖。唐代瓷器在隋代的基础上进一步发展，青瓷发展到极高水平，以南方的越窑青瓷为代表，胎质细腻，釉面滋润，如冰似玉，碧绿迷人；白瓷工艺真正成熟，以北方邢窑白瓷为代表，其精品体薄釉润，光洁纯净，造型古朴大方。至此，“南青北白”的局面形成，并对后世中国瓷器产生深远影响。同时，釉下彩和花釉瓷等富有时代特色的制瓷工艺也相继产生。这一时期人们较多地在瓷器上运用刻花、印花、划花、堆贴等装饰工艺技法，使得器物更加精美生动，审美特质大大增强。

五代时期，唐代的瓷窑大多仍在烧造，瓷器制作更为精细，品种丰富多彩，笨拙粗重的造型逐渐淘汰，风格趋向于优美秀致。但在分裂割据形势的影响下，制瓷业的发展也难免受到一定的制约。

唐代越窑青釉“大中元年”铭划花执壶

唐代邢窑白釉罐

五代越窑秘色瓷莲花碗

术语辞典

釉下彩：又称“窑彩”，瓷器装饰工艺之一。用色料在已成型晾干的素坯上绘制各种纹饰，然后罩以白色透明釉或者其他浅色面釉，一次烧成。釉下彩包括青花、釉里红、釉下三彩、釉下五彩、釉下褐彩、褐绿彩等。

花釉瓷：又称“花瓷”，唐代陶瓷烧制工艺的一个创新品种。在黑釉、茶叶末釉、酱褐釉或灰白釉等地釉上点缀出蓝色、天蓝色、黄褐色、灰紫色或乳白色彩斑，给人以天然造化、变化莫测之感。

4. 宋代瓷器。

宋代是中国古代瓷器发展的一个黄金时期，制瓷工业发展到了相当高的水平，烧制技术、产量、质量以及瓷窑的数量和规模都大大超过前代。全国各地名窑林立，“汝、官、哥、钧、定”五大名窑名声斐然，代表了宋代瓷器烧造的最高水平，此外还有众多颇具盛名的窑口。南北众各瓷窑风格各异，独具特色，此前“南青北白”的长期格局被突破：汝、官、龙泉、哥、耀州等窑的青瓷尤为出色；定窑继唐代邢窑之后，以白瓷著称；景德镇窑烧制出色质如玉的青白釉；钧窑烧制出蓝中带红或带紫的色釉；建窑以盛产黑瓷闻名，以适应当时盛行的斗茶风尚对黑瓷茶盏的需求；磁州窑创制出白釉釉下黑彩划花瓷器，具有浓厚的民间生活气息……

宋代钧窑玫瑰紫釉葵花式花盆

宋代景德镇窑青白釉倒流壶

宋代建窑黑釉兔毫盏

宋代磁州窑白地黑花竹纹枕

与宋人追求简洁淡雅的审美情趣相应，宋代瓷器器型实用而又精致，釉色纯净优美，釉质晶莹雅润，装饰图案清秀隽永，其对自然天成之美的追求，开拓了瓷器美学新境界。

术语辞典

青白釉：又称“影青”，以含铁量很低的氧化铁为着色剂，釉色介于青白二色之间，白中泛青，青中有白，故名。

黑瓷：又称“天目瓷”，是在青瓷基础上发展起来的一个古老的瓷器品种。与青瓷一样，使用氧化铁作为着色剂，但含铁量更高，烧成后釉色为黑色。原始黑瓷的历史可追溯到商周时期。

5. 元代瓷器。

元代是中国陶瓷史承上启下的重要时期，瓷器的胎釉、造型、纹饰和装烧工艺等方面均取得了进步。首先，在制瓷胎方面有重大革新，采用瓷石加高岭土的“二元配方”，使得元瓷能制作高大之器，成品率大大提高，胎、釉相互匹配。同时，彩绘瓷开创出新局面，改变了以往中国瓷器重釉色、轻彩绘的传统，将绘画技法与瓷器装饰有机结合起来，为后世彩瓷的发展奠定了坚实的基础。

元代彩绘瓷尤以景德镇烧制的青花和釉里红为突出代表。青花瓷工艺在元代真正形成规模并有杰出创造，成为元瓷的重要标志，其产品色青淡雅，且

元代青花萧何月下追韩信图梅瓶

元代釉里红松竹梅图玉壶春瓶

不易褪色，经久耐用，受到大众的欢迎；图案纹饰题材广泛，绘制手法细腻，有水墨画平淡天真之韵味。

术语辞典

青花：又称“白地青花瓷”，中国瓷器的主流品种之一，属釉下彩瓷。用含氧化钴的彩料在瓷胎上描绘纹饰，再罩上一层透明釉，经高温还原焰一次烧成。钴料烧成后呈蓝色，具有着色力强、发色鲜艳、烧成率高、呈色稳定的特点。原始青花瓷于唐宋已见端倪，成熟的青花瓷则出现在元代景德镇的湖田窑。

釉里红：元代景德镇窑创烧的一种釉下彩瓷。用含氧化铜的彩料在瓷胎上描绘纹饰，再罩上一层透明釉，经高温还原焰一次烧成。铜料烧成后在釉下呈红色，故名。

6. **明代瓷器**。

明代制瓷业十分繁荣，瓷器在元代基础上进一步飞速发展。景德镇成为全国制瓷业的中心，其官窑和民窑都很兴盛。

这一时期的瓷器在继承传统的青瓷、白瓷烧制工艺的同时，在釉彩、装饰、造型、品种等方面较前代都有突破，彩瓷和颜色釉成为瓷器的主要品种。洪武

明代宣德青花缠枝莲纹天球瓶

明代嘉靖五彩鱼藻纹盖罐

釉里红盛极一时，工艺技术各方面均有提升；永乐甜白釉温柔甜净，其高质量白瓷技术的成功为彩瓷的发展创造了有利条件；永宣青花工艺精湛，呈色浓艳，器型和纹饰具有浓厚的异域风情，乃是青花瓷的上品；成化斗彩以色彩淡雅、纹饰新颖闻名于世，为后世彩瓷的发展开辟了新的路径；嘉靖五彩色彩斑斓，装饰繁密，冠绝一时。在器物造型上，这一时期既有对前代古朴风格的继承和仿制，又有带有异域情调的外销瓷器烧制，更有大量创新器物。

明代成化斗彩鸡缸杯

总体而言，明代瓷器瓷质纯净，胎体厚重，线条柔润，造型丰满，色彩鲜艳，图纹多样，在古朴厚重之中不失飘逸灵秀。

术语辞典

甜白釉：明代永乐窑创烧的一种白釉。其制品胎薄，能够光照见影，在有暗花刻纹的薄胎器面上施以温润如玉的白釉，给人以一种“甜”的感受，故名“甜白”。

斗彩：釉下彩（青花）与釉上彩相结合的一种瓷器装饰工艺，创烧于明宣德年间。在高温烧成的釉下青花瓷器上，用矿物颜料进行二次施彩，填补青花图案留下的空白和涂染青花轮廓线内的空间，然后再次入窑经过低温烘烤而成。

五彩：瓷器釉上彩的一种。“五彩”意为多彩，指纹饰颜色两种或两种以上（一般来说红色不可少）。

7. 清代瓷器。

中国的制瓷工业发展到清代，特别是康熙、雍正、乾隆三朝，达到了历史最高水平，此时生产的瓷器质量之精良、造型之多样、釉彩之丰富，皆为前代所不能及。景德镇在清代仍然占据着瓷都地位，其官窑制品代表了时代水平，与此同时，众多民窑也创制出独具魅力的产品。

清代雍正胭脂红地开光珐琅彩花鸟图碗

清代瓷器的成就主要体现在三个方面：首先，对历代名瓷多有仿制，手法精湛，产品不仅可以乱真，甚至多有超越前代而成为一代名瓷者；第二，颜色釉高度发展，创制出胭脂水、豇豆红等不下百十种新釉，色彩鲜明，质地莹泽；第三，彩绘瓷高度发展，前代已有的彩绘瓷品种继续精进，青花、釉里红、斗彩、五彩等水平皆极高，同时还创制出珐琅彩、粉彩、釉下三彩等新品种，且能将多种技法施于同一器物上，产品异彩纷呈，美不胜收。在器型方面，除了前代已有的品种，这一时期还创制出转心瓶、棒槌瓶、包袱瓶、凤尾尊等新器。

清代乾隆粉彩九桃图瓶

清代康熙釉里三色山水图笔筒

嘉庆以后，清朝国力转衰，制瓷业也不断走下坡路，各朝虽也有一些代表作品，但总体并无大的建树。鸦片战争之后，由于外国机制瓷器的倾销冲击，中国传统制瓷业渐趋衰落，其后经历漫长的复兴之路，到新中国成立后重又迎来百花争艳的局面。

术语辞典

珐琅彩：又称“瓷胎画珐琅”，清康熙年间创烧的釉上彩品种。用珐琅彩料在瓷胎上绘制纹饰，然后入炉烘烤而成。色彩艳丽凝厚，花纹微微凸起，有立体感。

粉彩：清康熙年间创烧的一种彩瓷。先在素胎上勾出图案花纹的轮廓，在轮廓内先填上一层“玻璃白”色料，再在“玻璃白”上堆填彩料，用笔轻轻将颜色渲染出深浅不同的层次。“玻璃白”对彩料有粉化和乳蚀作用，可使彩绘颜色粉润柔和，画面细腻工整，并有浮雕之感。

釉下三彩：又称“釉里三彩”“釉里三色”。清康熙年间创烧的集青花、釉里红、豆青三种色彩于同一器的釉下彩新品种。

二、古代瓷器珍品鉴赏

1. 宋代汝窑天青釉无纹水仙盆。

该盆高6.9厘米，横23厘米，纵16.4厘米。器呈椭圆形，侈口，深壁，平底凸出窄边棱，下承四个云头形足，底部有六个细小的支烧痕，刻有乾隆御制诗。周壁胎薄，底足略厚。整体施天青釉，底边釉积处略含淡碧色，口缘与棱角釉薄处呈浅粉色。全器釉面纯洁匀润，是目前世上仅见的无纹片汝瓷，极其珍贵。其所呈现的釉色和釉质，正有宋人所追求的“雨过天青”的效果，即雨后天空透润、宁静、明朗的蓝色。

2. 明代宣德青花海水白龙纹扁瓶。

该瓶高45.3厘米，口径7.8厘米，足径14.5厘米。圆口，口边微外侈，长颈自上而下渐阔，扁圆式腹，椭圆形浅圈足。通体以青花为饰，口沿绘卷草纹一周，颈部绘缠枝莲纹一周，瓶身满绘勾边露白青花海水纹，其间散布点点黑褐色斑，大有水珠激溅、波涛汹涌之感。腹部

两面各饰有一条穿波戏浪、矫健威猛的白龙，白龙回首曲体，须发飘扬，四肢伸张，呼之欲出。该瓶造型典雅，呈色浓艳，是明代永宣青花的典型之作。

3. 清代乾隆各色釉彩大瓶。

该瓶高 86.4 厘米，口径 27.4 厘米，足径 33 厘米。洗口，长颈，长圆腹，高圈足外侈，颈两侧附螭耳。通体饰以各色釉彩。所使用的釉上彩装饰手法有金彩、珐琅彩、粉彩等；釉下彩装饰品种有青花；还有釉上彩与釉下彩相结合的斗彩。所使用的釉的类别有仿哥釉、松石绿釉、窑变釉、粉青釉、霁蓝釉、仿汝釉、仿官釉、酱釉等。主题纹饰在瓶的腹部，为霁蓝釉描金开光粉彩吉祥图案，共十二个开光。该瓶器形硕大，集各色釉彩于一身，雍容华贵，有“瓷母”之美誉。其所用的众多釉彩需要不同的配方、不同的烧制温度和气氛，经过多道工序才能完成，体现了传统瓷器工艺发展到清乾隆时期所达到的炉火纯青的水平。

拓展迁移

◎ 通过线上浏览或线下参观的方式，有选择地观赏几件重要的瓷器文物，了解其制作工艺。

◎ 查阅资料，了解中国古代瓷器的种类，制作一份电子小报。

第二节　风力天地

风是一种自然现象，风能易于获取和转换为机械能，是人类最早利用的能源之一。根据文献记载，从尧舜时代，中华民族的祖先就开始探究风的原理。殷商时期，人们对风有了更多的认识。随着经验的积累，人们逐渐对风的产生、风向、风力及季风、台风等现象有了较为科学的认识。劳动人民对自然风和人造风的利用经历了漫长的发展过程，并从农业逐渐扩展到冶金、交通运输、军事等各个领域。

一、古代农业对风的利用

我国是传统的农业大国，古人在农业生产实践中很早就开始对自然风和人造风加以利用。风在中国古代农业领域的利用主要包括谷物清选加工和风力提水两个方面。

1. 谷物清选加工。

谷物清选加工是指在对谷物进行棰打、舂碾后，根据质量不同的物体在同等风力下被吹出的远近程度不同的原理，借助自然风或人造风把谷物籽粒和秸秆、谷糠等杂物分开，以达到“去粗留精”的目的。

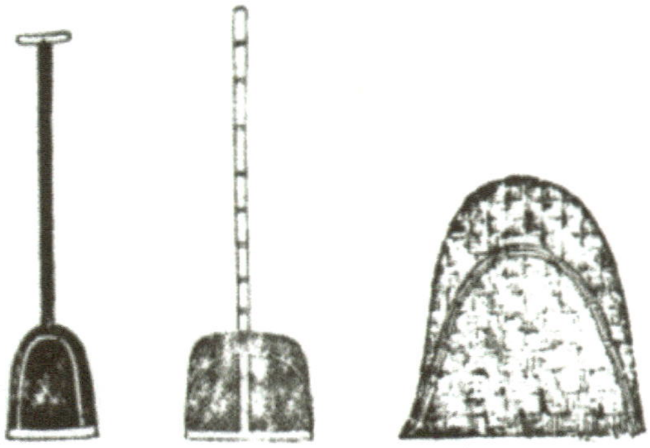

木锨　　竹扬锨　　飏篮

我国古代早期主要的谷物清选加工方式是扬法，即将谷物向风扬出，借助自然风的吹动，使净谷与杂物分离。最初的扬法是用人手完成，后来出现了木锨、竹扬锨、飏篮等工具。扬法的优点是简单易行，效率高，缺点是必须具备适度风力的自然风条件，风力太大或太小都不能进

[清]佚名《雍正耕织图》中的“簸扬”场景

行，因而在一定程度上制约了谷物加工的及时性。

后来，人们又发明了簸法来清选谷物。簸法的主要工具是簸箕，操作方式是将需要清选的谷物放在簸箕中，“挤匀扬播”，簸扬出的谷物下落过程中，谷物与簸箕间的空气受压产生向外的气流，从而吹走质量较轻的秸秆、谷糠等杂物。簸法的发明和使用是间断人造风应用于农业谷物加工的开始。该法对自然风的要求较低，简单易用，但相对较费人力，不适合大规模的清选作业。

[明]宋应星《天工开物》中的风扇车

至迟在西汉时期，人们又发明了风扇车，利用持续的人造风来进行谷物清选加工。风扇车也叫飏扇、扇车，在历代发展过程中演化出开放式、半敞式和封闭式三种类型。其工作方式大致是以人力（手转或脚踏）带动风扇叶转动产生人造风气流，谷物从风扇车漏斗落下，经过风扇叶的排风道，轻的杂物被吹走，重的籽粒落下，完成分离。有的风扇车还会设置不止一个出粮口，用来分离不同饱满程度的籽粒，实现谷物的优选。

2. 风力提水。

风力提水即将风能转化为机械能，从而将水从低处提升到高处，进行农田灌溉或排水等。中国的风力提水技术历史悠久，至迟在宋元时期人们就已发明出利用风力进行提水作业的专门装置——风力水车（又称风转翻车、风力翻车）。风力水车主要由风轮、传动装置和水车组成，工作时，风吹动风轮，风轮通过传动装置带动水车进行提水。中国传统的风力水车按照风轮转轴形式的不同，可分为卧轴式和立轴式两种类型。前者由数片风帆装成螺旋桨式的轮

荷兰人约翰·尼霍夫绘制的清初宝应地区立轴式风力水车工作图(局部)

状风轮，风轮的旋转直接由风力驱动，风轮的旋转方向随风向而变；后者由数片风帆装成走马灯式的立帆风轮，风轮的旋转由风帆推动，不论任何风向，风帆均能迎风受力，风轮都能向同一方向旋转。

明清时期，风力水车的使用得到推广，除了农田灌溉及排水，还较多地被盐场用来提取海水制盐，技术也更加成熟。明代宋应星《天工开物》记载："扬郡以风帆数扇，俟风转车，风息则止。此车为救潦，欲去泽水，以便栽种。"徐光启《农政全书》记载："掘土深丈以上而得水者，为井以汲之。……其起法有桔槔，有辘轳，有龙骨木斗，有恒升筒，用人用畜。高山旷野，或用风轮也。"清代周庆云《盐法通志》中记载当时许多地方使用的风力水车已经相当完善和先进，"有风即转，昼夜不息，不假人工，不资火力"，还出现了一个风轮带动两部水车同时工作的装置。

二、古代冶金业对风的利用

在古代冶金业发展过程中，由于受风助火势现象的启发以及钻木取火的劳动经验的积累，人们在冶金过程中引入鼓风技术，通过将一定压力的气流鼓入炉内，促进燃料充分燃烧，增加燃烧强度，提高炉温，从而提高冶炼效率。

冶金业中鼓风技术的应用至迟开始于夏代。最初的方式可能是利用人力，通过与炼炉壁上鼓风孔相连的陶质鼓风管向炉内吹风。人力吹管鼓风的方式较为原始，鼓入风量、强度以及含氧量都很有限，因而效率较低。

其后，冶金鼓风技术逐渐由人力向机械化发展。目前可知的最早的机械化冶金鼓风设备是橐，其出现的时间应不晚于春秋时期。橐一般由兽皮制成，形似大皮囊，上面有两个风口，一个进风，一个出风，进风口与外面连通，出风口通过鼓风管与炼炉相连。工作时使橐开合鼓风，就能将风送入炼炉中。为了增大风量，减少鼓风间隙时间，人们还采用多橐送风，称为“排橐”。橐最初以人力鼓动，到了汉代又发展为以畜力和水力驱动。

汉画像石中人力驱动橐鼓风冶铸的场景

大约在 10 世纪，人们又发明了木扇，即一种简单的木风箱，通过风箱的盖板开闭来鼓风。后来，在木扇的基础上，又产生了活塞式木风箱，通过驱动活塞往复运动，可实现双冲程鼓风，效率大大提高。

[明]宋应星《天工开物》中的活塞式木风箱

鼓风技术的不断进步对中国古代冶金业的发展起到了重要作用，也反映了古代人民对风进行利用的高超智慧。

三、古代交通运输业对风的利用

清代巨型航海帆船“封舟”

中国古代交通运输业对风的利用，主要体现在帆船的借风航行。中国是世界上造船和航海历史十分悠久的国家之一，帆船的发明和使用已有数千年的历史。早期的船帆是固定在船上的，不能通过转动调节角度，因此只能利用顺向风。汉代时人们又发明出可以转动的船帆，航行时可以根据风向的顺逆不同，采取不同的帆位布置，最大限度地利用风力来推进船只。唐宋以后，航海木帆船多使用多桅多帆，方便利用多面来风。明清时期，风帆助航技术的高度成熟使得我国能够制造出居于世界领先水平的巨型航海帆船。

四、古人对风的其他利用

1. 扇子。

早在原始社会时期，中国古人就已认识到扇而生风的原理，并根据这一原理发明了扇子。中国古代的扇子主要有两种用途：一是用于仪仗，由仆从执掌，彰显主人的威严，这种仪仗所用的长柄扇在唐宋时期仍广为使用。二是用于日常扇风取凉。扇子在漫长的发展过程中演变出多种形状，制作材料也多种多样，人们还在扇面上绣制图案或书写作画，使得扇子既具有实用功能，又富有艺术观赏性。

2. 风筝。

风筝也是中国古人对风进行利用的发明产物，相传为汉初韩信所作，与中国古代的火箭一起被称为“世界上最早的飞行器”。风筝又称“纸鸢”“鹞子”，以细竹等材料扎成骨架，在骨架上糊上纸或绢等材料，系以长线，拉动长线可以借助风力飞升到空中。

风筝起初被用来进行测量和在战争中传递信息，后来逐渐成为人们的娱乐玩具。唐宋时期，中国的风筝向世界流传，先是传到朝鲜、日本等东亚国家，然后又传到欧洲、美洲等地。风筝对滑翔机的发明起到了重要的启发作用。

知识延伸

中国古代神话中的“风伯”

人类对风的情感可谓十分复杂。人们崇拜风能的强大，却又感到对风难以把握，心存畏惧。在中国古代神话中，“风伯”这一形象就反映了我们祖先这种复杂的心理。

风伯，又称风师、箕伯，名叫飞廉，是中国古代神话中的司风之神。他相貌奇特，长着鹿一样的身体，上面布满了豹子一样的花纹，头似雀鸟，头上的角嶙峋古怪，有蛇一样的尾巴。传说上古时候的风伯十分凶恶，时常兴起狂风，破坏房屋庄稼。在蚩尤与黄帝的大战中，蚩尤曾请来风伯和雨师助阵，引发狂风暴雨，百姓深受其苦。后来天帝派后羿收服风伯，双方在青丘之泽大战，后羿射中了风伯的膝盖，自此风伯行动不便，兴风的力度小了许多，对人类的危害程度也降低了。

北朝壁画中的风伯形象

汉代以后，风伯的形象在民间逐渐人格化，不少壁画作品将其描绘为飞奔的人形。到南北朝时，风伯已成为中国神话的主要神祇之一。人们认为风伯是天帝的属臣，作为天帝的信使向人间传递信息，并与雷神、雨神配合，帮助万物生长，因而上至帝王，下至百姓，对其多有祭祀。同时，由于大风灾害时有发生，人们又将风伯归入凶神一类。

拓展迁移

◎ 从古人对风进行利用的工具中选择你感兴趣的一种，详细了解其原理及发明和使用情况，并制作知识小卡片。

◎ 查阅资料，了解风在现代科技中有哪些应用。

第三节　数学之光

毕达哥拉斯学派认为“万物皆数”，在生活中，我们离不开数学，建筑物的构建、经济的运作、日常的开销、生意的往来，无不与数学有关。数学是研究数量、结构、变化、空间以及信息等概念的一门学科。数学美是千姿百态的，符号、公式、曲线等无不彰显着美，而数学内在更是蕴含着一种理性思维和理性精神之美。在中国古代，数学又叫算术、算学，简称为“数”，为“六艺”之一，是古代教育的重要内容。中国古代数学源远流长，成就非凡，长期处于世界领先水平，对中华文明和世界文明都有突出的贡献。让我们一起欣赏中华传统文化中那一片独特的数学之光吧！

一、中国古代的数学工具

1. 规矩和准绳。

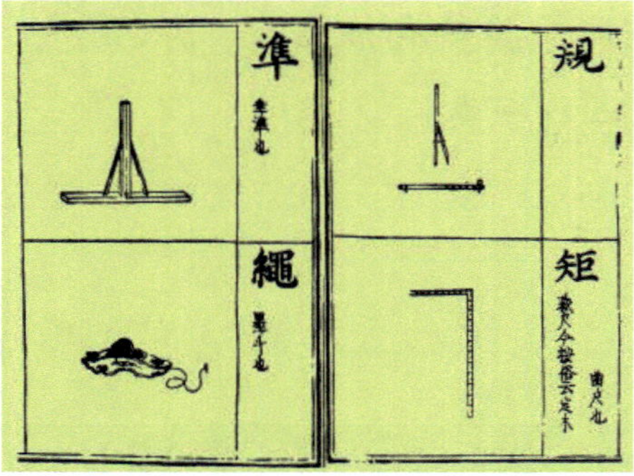

[明]王圻、王思义《三才图会》中的规矩和准绳示意图

规、矩分别是用来绘制圆形、方形的两种工具；准、绳是测定物体平直的器具，准是古代的水准器，绳是一种测量距离、引画直线和定平用的工具。规矩和准绳是非常古老的数学工具。传说规矩为伏羲所创，古代画像中多有“伏羲氏手执矩，女娲氏手执规”的形象。《史记》中记载大禹治水时“左准绳，右规矩”，规矩和准绳被运用于水利工程中。《吕氏春秋》中说：“巧匠为宫室，为圆必以规，为方必以矩，为平直必以准绳。”规矩和准绳在房屋营造、车辆和模范制造、天文观测、地理测绘等方面发挥着重要作用，由此积累起来的测绘知识是中国古代几何学发展的重要基础。

2. 算筹。

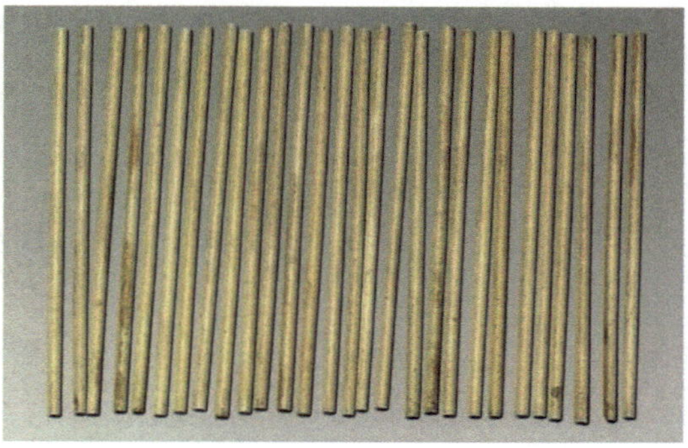

算筹

在数字产生前，人们最初是以实物记数，后来又发展为结绳记数、契刻记数等。在长期的生产实践中，中国古人发明出专门用于记数和数学运算的工具——算筹。算筹亦称“筹”“策”“算”“算子”，多为竹制小棍，亦有用骨、玉、铁、木等材料制作者。其记数分纵、横两种方式，表示多位数，则以纵横交错摆放法，个、百、万位用纵式，十、千、十万位用横式，以此类推，遇零则空位。春秋战国时期，算筹已为人们所普遍使用。西汉时期，算筹已广泛用于四则运算、开平方、开立方等。利用算筹进行记数、列式和各种数式演算的一系列方法被称为筹算。筹算采用十进位值制记数法，在世界数学发展史上具有领先地位，为我国古代数学在数字计算方面的卓越成就奠定了基础条件。中国古代使用算筹长达 2 000 余年，直到 15 世纪算盘全面推广，算筹才渐趋消失。

3. 算盘。

[宋]张择端《清明上河图》中“赵太丞家”医馆柜台上摆放着算盘

自唐中叶至宋元时期，人们不断改进筹算，创造了许多乘除捷算法和口诀，这便产生了新的矛盾：嘴念口诀很快，手摆算筹较慢，得心不能应手。创造新的计算工具成为迫切需要，算盘应运而生。算盘大约在元代开始流行起来，明代得以普及运用。

形制发展成熟的算盘为长方形，四周有框，内穿档，一般为十三档，档上串珠，档中横以梁，梁上两珠或一珠，每珠作数五，梁下五珠或四珠，每珠作数一，运算时定位后拨珠计算。算盘结构简单、运算快捷、携带方便，发明出来后很快取代算筹成为主要的计算工具。人们根据算盘运算规则创制出相应的运算口诀，从而形成了一套完整的珠算体系。珠算在明代得到完善和普及，并远传海外。即使在科技高度发达的今天，珠算仍有一定的应用空间。

二、中国古代数学的代表性成就

1. 十进位值制记数法。

十进位值制记数法是世界通用的一种既科学而又简单方便的记数法。它包含两个要素，一个是“十进制”，另一个是“位值制”。所谓“十进制”，就是逢十进位。所谓“位值制”，就是一个数码表示什么数，不仅决定于这个数码本身，而且要看这个数码所在的位置。中国是最早创立和采用十进位值制记数法的国家。从有文字记载开始，我国的记数法就遵循十进制。商代甲骨文和西周钟鼎文都是用“一、二、三、四、五、六、七、八、九、十、百、千、万”等字的合文来记十万以内的自然数，已经体现了十进制的萌芽，不过此时的记数法还不是位值制。到了春秋战国时期，筹算的普遍运用使得位值制确立下来，产生了严格意义上的十进位值制记数法。十进位值制的实行，有利于中国古代数学的发展，也为人类文明作出了巨大贡献。马克思称十进位值制是“最妙的发明之一”，没有它就没有现代数学。

2. 九九乘法口诀。

九九乘法口诀，又称九九表、九九歌、九因歌，是进行数学运算的基本计算规则，也是人们初学数学的基本功。中国古人很早就发明了九九乘法口诀，早在《荀子》《管子》《淮南子》《战国策》等书中就能找到很多乘法口诀的句子，可见在春秋战国时期，九九乘法口诀就已经相当流行了。早期的九九乘法口诀是从“九九八十一”开始，到“二二得四”结束，其也正是由开头两个字“九九”而得名。大约到宋代以后，九九乘法口诀的顺序和句数才逐渐变成和今天使用的一样。

九九乘法口诀是中国古人在数学方面一项充满智慧的发明，其将抽象的数学运算法则以朗朗上口的口诀来记忆，使得乘除法学习变得简单灵活。

3. 圆周率。

求算圆周率的值是数学中一个非常重要也是非常困难的研究课题。中国古代的数学家很早就开始致力于圆周率的计算。西汉或更早时期成书的《周髀算经》中就有“径一而周三”的记载，认为圆周率的值约为3。后来刘歆、张衡等学者均尝试过对圆周率的值进行更为精确的求算。魏晋时期的数学家刘徽创造出用“割圆术”来计算圆周率的科学方法，即用圆内接正多边形的面积去无限逼近圆的面积，以此求取圆周率，他求得圆周率为3.1415和3.1416这两个近似数值。南北朝时期的数学家祖冲之在刘徽的基础上继续钻研，求得圆周率的真值在3.1415926和3.1415927之间，相当于精确到小数点后第7位，这是当时世界上最精确的圆周率数值，直到15世纪初，祖冲之的圆周率计算纪录才被外国数学家打破。

4. 勾股定理。

勾股定理是余弦定理的一个特例，指直角三角形的两条直角边的平方和等于斜边的平方。这个定理在中国又被称为“商高定理”，在外国被称为“毕达哥拉斯定理”“百牛定理”。传说毕达哥拉斯发现了这个定理后，即宰了一百头牛作为庆祝，因此又称“百牛定理”。

我国是最早发现勾股定理的国家之一。《周髀算经》记载商高（约当前11世纪）在答周公问中曾提出“勾广三，股修四，径隅五”的关系，这是我国古代文献资料中最早的关于勾股定理思想的讨论；该书又记载陈子（约当前5世纪）在与荣方关于测日的问答中提出了勾方加股方等于弦方这一勾股定理的一般形式。而我国最早对勾股定理给出证明的，一般认为是汉末三国初数学家赵爽，他在注《周髀算经》时用“弦图”证明了勾股定理。

三、传统文化中的数学

中国古代数学思想博大精深，其孕生于华夏文明，同时又深深影响着华夏文明。传统文化的许多方面，都彰显着数学之美。

1. 传统音乐中的数学。

中国传统音乐与数学密切相关，这种关联突出体现在利用数学方法来计算和制定乐律。中国最早的乐律计算方法为三分损益法。简单来讲，三分损益法就是根据标准音的管长或弦长，按三分之一的长度比例进行加减，将原有长度三等分后减去一份，称为“三分损一”，将原有长度三等分后增加一份，称为“三分益一”，两种方法交替、连续使用，各音律就可相应而定。人们用三分损益法定出了五声音阶、七声音阶和十二律。

到了明代，数学家、乐律学家朱载堉又通过精确的计算，发明了“十二平均律”。他用八十一档大算盘，两次开方，一次开立方，求得十二平均律的参数，计算结果精确程度达25位有效数字，从而将一个八度按比例分为12个音程相等的半音，体现了等比的数学思想在音乐领域的运用。十二平均律解决了古音律存在的八度不协和以及转调困难的问题，在现代交响乐队和键盘乐器中得到广泛运用。西方十二平均律的创立比朱载堉晚了50多年。

术语辞典

五声音阶：由五个音构成的音阶。中国古代音乐以五声音阶为重要基础，五个阶名分别为宫、商、角、徵、羽。

七声音阶：由七个音构成的音阶。中国古代七声音阶由“五正二变”构成，即以五正声（即宫、商、角、徵、羽）为骨干，加两个变声（变徵和变宫，清角和变宫，或清角和清羽）构成。

十二律：一种将八度分为十二个半音的律制，亦指此十二个半音。发明于先秦时期。各律从低到高的音名依次为黄钟、大吕、太簇、夹钟、姑洗、仲吕、蕤宾、林钟、夷则、南吕、无射、应钟。

2. 传统玩具中的数学。

（1）七巧板。

七巧板是我国民间非常流行的一种益智玩具，它一般是用一块正方形的薄板裁成大小、形状不同的七块几何图形，将这七块板按不同的方式拼合起来，可组成人物、动植物、亭台楼阁、船桥车马等各种图案。七巧板源自“燕几”，即我国古代一种宴会用桌，其最初的形制为一套六张，大小形状各异，人们可根据需要进行多种方式的拼合，妙趣横生。后来燕几由六几增加为七几，即为七巧板的雏形。

七巧板

七巧板的分割科学而又巧妙，拼合方式变幻无穷，体现了中国古人对平面图形的深入探索和高超认知。七巧板能够帮助人们学习和理解基本几何图形、大小与长短、角与边、面积与周长、图形代换、对称性等多方面的数学知识，是一种极佳的数学启蒙玩具。

七巧板约从 18 世纪开始流传到海外，并受到各地人们的喜爱。国外称七巧板为“唐图”，意思是“来自中国的拼图”。

（2）九连环。

九连环

九连环是一种历史悠久的传统玩具，其以九个圆环相连成串，套在条形横板或各式框架上，贯以框柄，可合可分。九连环的玩法是要将九个圆环都套到框柄上，或者把已套在框柄上的九个圆环全部解下来。其结构独特，环与环之间相互制约，操作有一定的规律，需要经过周密的思考，较为复杂费时，而这也恰恰构成了这一传统玩具的独特魅力。

九连环中蕴含着一定的数学原理，尤其是与二进制思想和递归数列密切相关。英国科学家李约瑟在《中国科技史》中论述九连环与现代数学的分支拓扑学之间有一定的联系，这一观点得到人们的普遍认同。

（3）鲁班锁。

传说春秋时期鲁国工匠鲁班为了考验儿子的动手能力，发明了一种由六根中间有凹槽的木条构成的可拼可拆的玩具，这就是最初的鲁班锁。经过历代改造创新，鲁班锁演变出多种类型。

鲁班锁

鲁班锁的结构来源于中国传统建筑中的榫卯结构，其组件不需借助钉子、胶水等外力作用，可通过一定的组合方式咬合拼接起来，成为一个严丝合缝的十字立方体。这一传统玩具中蕴含着立体几何、拓扑学、排列组合等数学原理，能够很好地锻炼人们的空间想象能力和逻辑推理能力。

拓展迁移

◎ 自主选择阅读《周髀算经》《九章算术》等古代数学经典著作中你感兴趣的内容，并与同学们分享。

◎ 元代数学家朱世杰《四元玉鉴》中有一章内容是以诗歌形式提出数学问题。阅读下面出自该书的一首诗，尝试解答问题。

我有一壶酒，携着游春走。
遇务[①]添一倍，逢店饮斗[②]九。
店务经四处，没了壶中酒。
借问此壶中，当元多少酒？

【注释】

①务：指酒肆，即卖酒的地方。②斗：古代容量单位。“斗九”即一斗九。

第六章
道法自然养身心

大自然包蕴无穷，中国古人善于从自然中寻求补益身体、陶冶性情的养分，彰显出中华传统文化“人法地，地法天，天法道，道法自然”的智慧。

第一节　中医概览

随着时代的发展，现代医学已经成为预防和治疗疾病的主要方式，但是，作为我国的优秀传统文化之一，中医学在保健和疾病防治方面仍然发挥着积极的作用，并已深入渗透到我们生活的方方面面。中医学承载着中国古代人民同疾病作斗争的经验和理论知识，是在古代朴素的唯物论和自发的辩证法思想指导下，通过长期医疗实践逐步发展而成的独特的医学理论体系。了解并传承中医文化，对于弘扬中华优秀传统文化以及完善人类医学，均具有极其重要的意义。

一、中医学的起源与发展概况

新石器时代的原始医疗工具——骨针

中国是医药文化发祥最早的国家之一。早在远古时代，我们的祖先在对大自然的探索以及与大自然的长期斗争中，就已积累起原始的医学知识，比如发现食用某些植物的花、叶、果等能消除或减轻特定病症，又比如发现用兽皮、树皮包裹烧热的石块或沙土放在身体局部可减轻疼痛……随着相关知识的积累，开始出现医事活动的萌芽，人们开始有意识地总结与记忆具有特定功能的药物，制作原始的医疗工具，并主动利用灸熨、洗浴、针刺等外治方法来疗伤止痛。至奴隶社会早期（距今 4 000 多年）已初步形成了针灸、按摩、熨烫、药物等治疗方法，有了医学的雏形。夏朝时，随着酿酒技术的产生，人们已经开始将药物浸制成药酒，创制出酒剂。商朝时，人们又发明了汤剂，为内治学的发展创造了条件。商代甲骨文中出现了 10 余种以人体部位命名的病症，还出现了疟、疥、蛊、龋等专门的病名，体现了中医理论的萌芽。西周时人们对疾病和药物以及诊疗方法的认识水平进一步提升，这一时期出现了

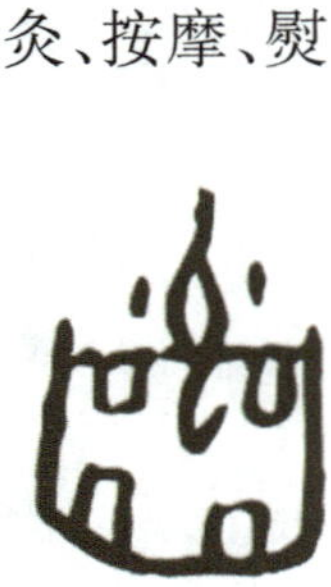

甲骨文中的“龋”字

分科的医师，并建立了医政管理、医师考核和死亡报告制度。

迄今为止我国发现的最早、最完整的人体经穴模型——西汉经穴髹漆人像

春秋至秦汉时期是中医学尤其是中医理论大发展的时期。春秋战国时期，中医理论初步形成，名医扁鹊根据民间流传的经验和自己多年的医疗实践，总结出望、闻、问、切“四诊法”。先秦至西汉间，中国现存较早的重要医学经典《黄帝内经》问世，该书系统总结了在此之前的治疗经验和医学理论，对人体的解剖、生理、病理以及疾病的诊断、治疗与预防，做了比较全面的阐述，奠定了中医学的理论基础。东汉时期，张仲景的《伤寒杂病论》提出了外感热病的诊治原则和方法，论述了内伤杂病的病因、病证、诊法、治疗、预防等辨证规律和原则，确立了辨证论治的理论和方法体系。同时期的《神农本草经》概括记述了君臣佐使、七情和合、四气五味、阴阳配合等药物理论，为中药学理论体系的形成与发展奠定了基础。东汉末年，华佗创制了麻醉剂“麻沸散”，开了麻醉药用于外科手术的先河。

南北朝时期的眼科外治器具——洗眼杯

魏晋至隋唐时期，实践医学进入全面发展阶段，临床各科渐趋繁荣，人们对疾病的认识更深入和准确，诊治经验更丰富，药物及方剂种类更多，也更合理有效。西晋皇甫谧《针灸甲乙经》系统论述了有关脏腑、经络等理论，对晋代以前的针灸治病临床经验进行了总结。隋代巢元方等编写的《诸病源候论》是中国现存最早的病因症候学专著，分述了内、外、妇、儿、五官等各病的病因、病理和症状。唐代孙思邈《千金要方》《千金翼方》论述疾病数百种，辑集方剂近万首，是中国最早的临床百科全书。唐朝官方组织编撰《新修本草》，共载药物 800 余种，并吸收国外传入的药物知识，是中国古代也是世界上第一部由政府颁行的药典。

宋金元时期是中医学发展迅速、流派纷呈、建树颇多的时期。这一时期，中药学、方剂学、针灸学以及临床各科发展迅速，并开始研究处方、成药、经络腧穴的规范化。宋朝政府整理编修《太平圣惠方》《嘉祐本草》等多部医书并大量刊行，为医学知识的传承与中医学术的发展提供了保障。“金元四大家”刘完素、张从正、李东垣、朱震亨以各自的学说形成流派，对后来的中医发展产生了深刻的影响。

宋代画作中村医为患者灸艾的场景

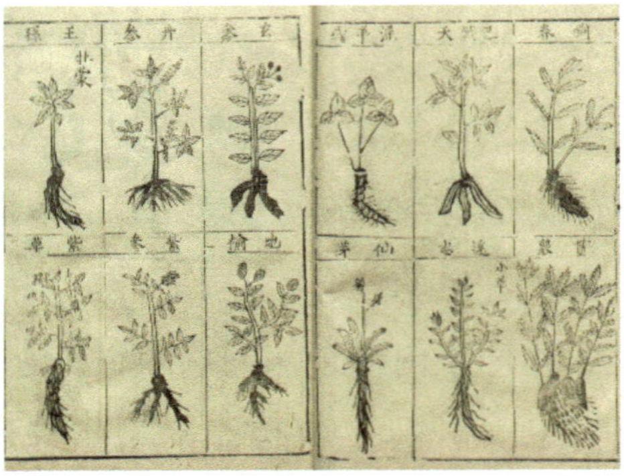

《本草纲目》中的药物图

明清时期是中医学理论的综合汇通和深化发展阶段。命门理论的发展和温病理论的创新是该阶段的重要成果。这一时期，在整理已有医药学成果和临证经验的基础上，编撰了门类繁多的医学全书、类书、丛书及经典医籍的注释等。明代李时珍《本草纲目》收载药物 1 892 种，方剂万余首，并在世界上首次对药用植物进行了科学分类，创新发展了中药学的理论和实践。清代中期后，随着西方医学的传入，传统医学受到冲击，一些学者开始探索中西医药学的汇通、融合。

新中国成立后，特别是改革开放以来，中医学进入了一个崭新的飞速发展时期，并正在不断创造奇迹，走向世界。

二、中医基础理论

中医的理论体系十分丰富，其基础理论包括阴阳、五行、精气神、运气、藏象、经络诸学说。

阴阳学说，是研究阴阳的内涵，并用以解释事物发生、发展、变化规律的一种古代哲学理论。阴、阳是对各类事物中对立双方属性的概括，其本义是阳光的向背、光线的明暗，人们将其不断抽象化，以类比的方式运用到各类事物中，来体现它们之间的联系，比如认为明亮的、温暖的、运动的、上升的、扩张的、亢奋的事物具有阳的属性，而阴暗的、寒冷的、静止的、下沉的、收敛的、抑制的事物具有阴的属性。阴阳学说认为阴阳二者具有对立制约、互根互用、交通互藏、消长平衡、相互转化的关系，而世界本身就是阴阳二气对立统一运动的结果。中医学运用阴阳学说，对人体组织结构和生理功能进行阴阳属性的划分，以阴阳平衡的失调来说明人体的病理变化，并运用阴阳学说的相关理论来指导疾病的诊断和防治以及药物性能的分析归纳。阴阳学说是中医学理论体系的哲学基础，对中医学理论体系的发展具有极为重要的影响。

五行学说也是中国古代一种哲学理论，其以木、火、土、金、水五种物质的特性对自然界中的各种事物和现象进行归类，并以五行“相生相克”的关系来解释事物之间的相互联系，以五行“相乘相侮”的关系来解释事物之间平衡被打破后的相互影响。中医学运用五行学说，以五行的属性区别脏腑器官的特性，如肝属木、心属火、脾属土、肺属金、肾属水，构建以五脏为中心、与自然环境紧密联系的五脏系统，用五行相生相克等理论来解释内脏之间相互资生和相互制约的关系，并以此说明脏腑病变之间的相互影响及相应的治疗方法。

精气神学说是古代人们探索生命的起源，阐述对生命之本的认识的理论。精，是构成人体、维持人体生命活动的物质基础。气，是生命活动的原动力，既是运行于体内微小难见的物质，又是人体各脏腑器官活动的能力。神，是精神、意志、知觉、运动等一切生命活动的最高统帅。中医学认为精、气、神是人体生命活动的根本，三者之间相互资生，相互助长，并从这三方面评定健康状况和疾病的顺逆。

运气学说，即五运六气学说，是中医学研究气候变化规律及其对生命活动影响的学说。运，指木、火、土、金、水五行的运行；气，指自然界的风、寒、暑、湿、燥、火六气。运气学说以“人与天地相参”为指导思想，以阴阳五行为理论框架，以天干、地支为演绎工具，探究六十年一甲子周期的天象、气候、物候、病候之间的关系及其规律，并以此指导临床实践。

藏象学说是研究人体脏腑的生理功能、病理变化及其相互关系的学说。藏，指藏于体内、具有一定形态的脏腑器官；象，指脏腑功能表现于外的各种征象。藏象学说与阴阳、五行等学说结合，以阐述人体脏腑、经络、气血、津液、五官九窍及皮肉筋骨等的密切联系，注重以整体观念把握人体，旨在通过人体外部的征象来研究内脏活动规律，其贯穿在中医学的解剖、生理、病理、诊断、治疗、方剂、药物、预防等各个方面，在中医学理论体系中处于十分重要的地位。

经络学说是阐述人体经络的概念以及经络系统的组成、循行分布、生理功能、病机变化及其与脏腑、形体官窍、气血相互关系的中医基础理论。经络，是经脉和络脉的总称，为人体运行气血、联络脏腑、沟通内外、贯穿上下的径路。经脉是经络系统的主干，络脉是经脉的分支。经络学说被广泛用于指导临床各科疾病的治疗，是针灸、推拿以及药物疗法的理论基础。

三、中医诊疗方法

中医的基本诊断方法是望、闻、问、切“四诊法”，据记载是战国时期的名医扁鹊根据前人经验和自身医疗实践总结提出的。望诊，是对病人的神、色、形、态、舌象等进行有目的的观察，以测知病变。闻诊，包括听声音和嗅气味两个方面，即听病人说话、呼吸、咳嗽、呕吐、嗳气等声音的高低和强弱，闻病人的体味、口气以及痰涕、大小便等的气味。问诊，是询问病人起病和转归的情形，包括相关诱因、症状、接受治疗的情况等。切诊，包括脉诊和触诊，主要通过切按患者脉象，并触摸肌肤、胸腹、胁肋等部位，以判断有无异常情况。

中医的治疗方法多样，可分为外治法和内治法两类，其中外治法包括针刺、艾灸、拔罐、推拿、按摩、穴位贴敷等多种手法；内治法是根据辨证分析的结果，选取中药进行配伍组方，让患者服用。

拓展迁移

◎ 了解中国古代著名医家的相关故事，并与同学们分享。

◎ 查阅资料，了解中国传统医学在现代医疗中的应用。

第二节　奇藤异草

自然界的植物种类繁多，数不胜数，这里所说的奇藤异草不是指稀奇少见的花草，而是指那些在我国的传统医药学中具有独特的防治疾病功能的植物。中药主要由植物药、动物药、矿物药及部分化学或生物制品等组成，其中植物药占大多数。传统医学中有数千种药用植物，把各种药材相配伍而形成的方剂更是不计其数。经过几千年的探索和积累，形成了一门独立的科学——本草学。本草学是中医区别于其他医学的重要标志。

一、中草药的类别和性能

1. 类别。

中草药的类别可以从药用部位、药用功能、有效成分等不同角度进行划分。根据药用部位的不同，中草药可以分为根、根茎、叶、花、果实、种子、皮、全草等多种类型。同一株植物的不同部位，药性可能会存在差异，甚至相反。根据药用功能的不同，中草药可以分为解表药、清热药、泻下药、理气药、止血药等多种类别。根据有效成分的不同，中草药可以分为含生物碱的中草药、含挥发油的中草药、含甙类的中草药等。

2. 性能。

中草药的性能包括性味、归经、升降浮沉、毒性等方面。

中草药的性味又称“四气五味”，指中草药的性质和滋味。四气，指寒、热、温、凉四种药性，寒性或凉性的药物一般用于治疗热证，热性或温性的药物一般用于治疗寒证。五味，指辛、酸、甘、苦、咸五种药味，中医认为辛能散、酸能收、甘能缓、苦能坚、咸能软。另将药性平和而药味平淡的药物，称为“平性”和“淡味”。

中草药的归经是指其对人体某一经络、脏腑所具有的特殊亲和作用，根据归经理论，药物对其所归属的经络脏腑有关病症有较好的治疗作用。例如，中医认为广藿香归脾、胃二经，其具有治疗脾胃病症的功效。

中草药的升降浮沉是指中药因其气味厚薄或质地轻重的差异，在人体内呈现的一种走向和趋势，向上、向外的作用称为升浮，向下、向内的作用称为沉降。升降浮沉理论是中医根据不同病位病势采用不同中药所取得治疗效果而总结出来的药性理论。

中草药的毒性是指中草药使用过程中可能对机体产生的毒害作用。在中药使用过程中，一般可通过炮制、配伍或煎煮来降低毒性。

二、中草药的采收、炮制与煎煮

1. 采收。

中草药的疗效与其药用成分含量的多少直接相关，不同的植物或者植物的不同药用部分，有不同的生长成熟时期，因此也就有不同的采收时机。以根及根茎入药的中草药采收期一般为早春或秋冬，此时植物根部养料充足，药物疗效较好；以叶入药的中草药通常在花蕾将开放或正盛开的时候采收，此时叶片茂盛，有效药用成分含量高；以花、花粉入药的中草药采收期一般为花蕾含苞未放或刚开放时，此时花朵形态和香气易于留存；果实类中草药一般适宜在果实成熟或将近成熟时采收；种子类中草药一般适宜在种子完全发育成熟、籽粒饱满时采收；对于以皮入药的中草药，一般在春夏时节采收，此时植物皮部浆液充沛，且易于采剥；全草类中草药大多数在植物枝繁叶茂、花朵初开时采收，此时植物生长旺盛，质量好，产量高。

2. 炮制。

炮制是指药物在使用前必要的加工程序，经过炮制的中草药一般药物性能都会发生一定的改变，更适应实际需要，而且药物的毒性也能有所降低。中草药常用的炮制方法包括净制、煮制、煅制、切制、炖制、烫制、制炭、姜汁制、蒸制、炒制、醋制、盐制、酒制、制霜、蜜制、煨制等。选用适宜的中草药炮制方法，对于有效发挥中草药的药效至关重要。

3. **煎煮**。

中草药的煎煮方法正确与否直接影响药物疗效的发挥。煎煮的器具以陶瓷器皿为佳，其化学性质稳定，不易与药物成分发生化学反应，且导热均匀，保温性好；而金属器皿则一般不适合用来煎煮中药，因为金属元素易与药物成分发生化学反应，导致药效降低甚至产生副作用。除了器具之外，中药的煎煮还要注意使用洁净、无异味以及矿物质和杂质含量较少的水。在煎煮之前，根据要求进行适当的浸泡；煎煮时，根据药物的特性掌握火候和时间；煎煮后，根据需要榨渣取汁。

三、奇藤异草认一认

1. **人参**。

人参

人参，五加科，多年生草本植物；根肉质，纺锤形或圆柱形，表面灰黄色，上部或全体有疏浅断续的粗横纹及明显的纵皱；根状茎很短，多不明显；掌状复叶轮生茎端，每年递增 1 叶，多达 6 片复叶，小叶长椭圆形，边缘有细锯齿，脉上有疏刚毛；初夏开花，伞形花序顶生，花小，淡黄绿色；核果浆果状，扁球形，成熟时鲜红色。喜阴凉，多生于阴湿山地针、阔叶林或杂木林下。产于中国东北，亦见于朝鲜半岛和俄罗斯东部等地。

中医以人参的根部入药。《神农本草经》记载："人参，味甘，微寒。主补五脏，安精神，定魂魄，止惊悸，除邪气，明目，开心，益智。久服，轻身、延年。"《本草纲目》记载人参可用于"治男妇一切虚证"。中医认为人参具有大补元气、补脾益肺、生津、安神的功效，以其主治气虚欲脱、脾虚食少、肺虚喘乏、惊悸失眠等症。

现代医学研究发现，人参中含有人参皂苷、人参多糖、人参三萜皂苷、人参酚类、人参挥发油等多种有效成分，其中人参皂苷是最重要的有效成分，具有抗氧化、抗炎、免疫调节、促进血液循环和改善认知能力等多种作用。

三七

2. 三七。

三七，又名“田三七”“参三七”“山漆”“田七”，五加科，多年生草本植物；根肉质，横卧纺锤形；根状茎横生，竹鞭状；掌状复叶，3—6 枚轮生茎端，小叶 3—7 枚，倒卵形或倒卵状椭圆形；初夏开花，伞形花序顶生，花小，淡黄绿色；核果浆果状，扁球形，成熟时鲜红色。多生于山坡丛林下。产于中国云南东南部；多地有栽培。

中医以三七的根和根茎入药。《本草纲目》中对“三七”有一条记载：“止血散血定痛，金刃箭伤跌扑杖疮血出不止者，嚼烂涂，或为末掺之，其血即止。亦主吐血衄血，下血血痢，崩中经水不止，产后恶血不下，血运血痛，赤目痈肿，虎咬蛇伤诸病。”中医认为三七具有散瘀止血、消肿定痛的功效，以其主治跌打损伤、瘀滞疼痛以及各种出血病症等。

现代医学研究发现，三七中含有皂苷、黄酮、多糖等多种功效成分，具有多种药理作用。

3. 天麻。

天麻，又名“赤箭”，兰科，多年生腐生草本植物；全株不含叶绿素；地下块茎肉质肥厚，长圆形，有众多环节；地上茎黄赤色，叶鳞片状，膜质；夏季开花，形成一稠密的总状花序，花肉黄色或淡黄绿色；蒴果长圆形至长圆倒卵形。多生于阴湿林下、腐殖质较多的土壤上。产于中国云南、四川、湖北及西北、东北、华东等地。

天麻

中医以天麻的块茎入药。《开宝本草》记载：“（天麻）主诸风湿痹，四肢拘挛，小儿风痫惊气，利腰膝，强筋力。久服益气，轻身长年。”中医认为天麻具有祛风平肝、止痉的功效，以其主治肝风头痛、眩晕、抽搐痉挛、小儿惊风等症。

现代医学研究发现，天麻中含有天麻素、天麻苷元、苄醇酯苷类、生物碱、有机酸、多糖等多种有效成分，其对神经系统、循环系统、免疫系统和内分泌系统均有一定的药理作用。

拓展迁移

◎ 读一读下面这些有趣的谜语，认识相关的中草药。

牧童——牵牛子	春常在——四季青
九死一生——独活	三九时节——天冬
昭君出塞——王不留行	长生不老——万年青
天天向上——连翘	东郭先生浑不知——狼毒

◎ 中医药在我国传统文化中具有重要地位，许多古诗词也与中医药有关，搜集相关作品，并与同学们分享。